Los Aliados
de la
Humanidad

◆

LIBRO UNO

Los Aliados
de la
Humanidad

◆

LIBRO UNO

◆

UN MENSAJE URGENTE
Sobre la Presencia Extraterrestre
Hoy en el Mundo

Marshall Vian Summers

AUTOR DE

STEPS TO KNOWLEDGE: The Book of Inner Knowing
(PASOS AL CONOCIMIENTO: El Libro del Saber Interno)

LOS ALIADOS DE LA HUMANIDAD, LIBRO UNO: Un Mensaje Urgente Sobre la Presencia Extraterrestre Hoy en el Mundo
© 2013 by The Society for the Greater Community Way of Knowledge.
(La Sociedad para El Camino del Conocimiento de la Comunidad Mayor).
Impreso y encuadernado en los Estados Unidos de América. Todos los derechos reservados.

Edición de Darlene Mitchell.

Diseño del libro por Alan Bernhard, Argent Associates, Boulder, CO, Estados Unidos.

Arte de la cubierta realizado por Reed Novar Summers:
"Para mí, la imagen de la cubierta nos representa a nosotros en la Tierra con la esfera negra simbolizando la presencia alienígena que hay hoy en el mundo, y la luz tras ella nos revela esta presencia invisible que de otro modo no seríamos capaces de ver. La estrella iluminando la Tierra representa a los Aliados de la Humanidad entregándonos un nuevo mensaje y una nueva perspectiva sobre la relación del planeta Tierra con la Comunidad Mayor".

ISBN: 978-1-884238-42-0 *Los Aliados de la Humanidad, Libro Uno: Un Mensaje Urgente Sobre la Presencia Extraterrestre Hoy en el Mundo*

Número de Control de la Librería del Congreso: 2001 130786

EDICIÓN ORIGINAL EN INGLÉS:
PUBLISHER'S CATALOGING-IN-PUBLICATION

Summers, Marshall.

The allies of humanity book one : an urgent message about the extraterrestrial presence in the world today / M.V. Summers
p. cm.
978-1-884238-45-1   001.942
978-1-884238-42-0 (Spanish)
978-1-884238-46-8 (ebook)
QB101-700606

Los libros de la Los libros de la Biblioteca del Nuevo Conocimiento están publicados por La Sociedad para El Camino del Conocimiento de la Comunidad Mayor. La Sociedad es una organización no lucrativa dedicada a presentar El Camino del Conocimiento de la Comunidad Mayor.

Para recibir información sobre las grabaciones en audio, los programas educacionales y los servicios contemplativos de La Sociedad, por favor visita la web de La Sociedad o escribe a:

THE SOCIETY FOR THE GREATER COMMUNITY WAY OF KNOWLEDGE
P.O. Box 1724 • Boulder, CO 80306-1724 • (303) 938-8401
society@greatercommunity.org • www.alliesofhumanity.org •www.newmessage.org

Dedicado a los grandes movimientos por la libertad

en la historia de nuestro mundo,

tanto a los conocidos como a los desconocidos.

CONTENIDOS

Las cuatro preguntas fundamentales sobre la presencia extraterrestre hoy en el mundo:

¿Qué está ocurriendo?

¿Por qué está ocurriendo?

¿Qué significa?

¿Cómo podemos prepararnos?

Es poco frecuente encontrar un libro que cambie la propia vida, pero es mucho más extraordinario encontrar un trabajo capaz de influir en la historia humana.

Hace casi cuarenta años, antes de que hubiese un movimiento medioambiental, una mujer valiente escribió un libro extremadamente provocativo y controvertido que cambió el curso de la historia. *Primavera Silenciosa*, de Rachel Carson, generó una consciencia global de los peligros de la polución medioambiental y despertó una respuesta activista que aún perdura hoy día. Siendo una de las primeras personas que declararon públicamente que el uso de pesticidas y toxinas químicas era una amenaza para todas las formas de vida, Carson fue al principio ridiculizada y vilipendiada, incluso por muchos de sus colegas, pero al final acabó siendo reconocida como una de las voces más importantes del siglo XX. *Primavera Silenciosa* se considera todavía la piedra angular del movimiento medioambiental.

En la actualidad, antes de que exista una consciencia pública amplia sobre la presente incursión extraterrestre entre nosotros, un hombre igualmente valiente —un maestro espiritual previamente oculto— sale a la luz portando un comunicado extraordinario y perturbador que viene de más allá de nuestra esfera planetaria. Con *Los Aliados de*

la Humanidad, Marshall Vian Summers se presenta como el primer líder espiritual de nuestro tiempo que declara, inequívocamente, que la presencia no deseada de nuestros "visitantes" extraterrestres y sus acciones clandestinas constituyen una profunda amenaza para la libertad humana.

Mientras que al principio, como le sucedió a Carson, Summers encontrará seguramente burla y menosprecio, es posible que al final se le reconozca como una de las voces más importantes del mundo en los campos de la inteligencia extraterrestre, la espiritualidad humana y la evolución de la consciencia. De igual manera, el libro *Los Aliados de la Humanidad* puede demostrar ser fundamental para asegurar el futuro mismo de nuestra especie —no solo despertándonos a los profundos desafíos de una invasión alienígena silenciosa, sino también alumbrando un movimiento de resistencia y empoderamiento sin precedentes.

Aunque las circunstancias del origen de este material tan controvertido pueden ser problemáticas para algunos, la perspectiva que representa y el mensaje urgente que transmite demandan nuestra más profunda consideración y una respuesta decidida. Aquí, de forma incómodamente plausible, se nos afirma que la creciente aparición de ovnis y otros fenómenos relacionados son síntoma nada menos que de una intervención sutil —y hasta el momento sin oposición— de fuerzas extraterrestres que buscan explotar los recursos de la Tierra enteramente en su propio beneficio.

¿Cómo responder de forma apropiada a una afirmación tan perturbadora y chocante? ¿La ignoraremos o la descartaremos sin más, como hicieron muchos de los detractores de Carson? ¿O la investigaremos y trataremos de entender exactamente lo que aquí se nos ofrece?

Si elegimos investigar y comprender encontraremos lo siguiente: un riguroso análisis de la investigación global de las últimas décadas sobre la actividad ovni y otros fenómenos aparentemente extraterrestres (por ejemplo la abducción y los implantes extraterrestres, las mutilaciones de animales e incluso la "posesión" psicológica) aporta una amplia evidencia a la perspectiva de los Aliados; en efecto, la información contenida en los discursos de los Aliados clarifica asombrosamente asuntos que han dejado perplejos a los investigadores durante años, dando explicación a muchas evidencias misteriosas pero persistentes.

Una vez hemos investigado estos asuntos y aceptamos que el mensaje de los Aliados no solo es plausible sino convincente, ¿entonces qué? Nuestras consideraciones nos harán concluir que nuestra difícil circunstancia actual tiene profundos paralelismos con la incursión de la "civilización" europea en las Américas a partir del siglo XV, durante la cual las poblaciones indígenas fueron incapaces de comprender y responder adecuadamente a la complejidad y el peligro de las fuerzas que visitaban sus orillas. Los "visitantes" vinieron en nombre de Dios, exhibiendo impresionante tecnología y pretendiendo ofrecer una forma de vida más avanzada y civilizada. (Es importante señalar que los invasores europeos no eran el "mal encarnado", sino meramente oportunistas, dejando tras de sí un legado de devastación involuntaria).

El punto es este: la violación radical y a gran escala de las libertades fundamentales que los nativos Americanos experimentaron a continuación —incluyendo la rápida aniquilación de su población— no es solo una monumental tragedia humana, sino también una poderosa lección para nuestra situación actual. Esta vez, *todos nosotros somos la gente nativa de este mundo*, y a menos que podamos generar colectivamente una respuesta más creativa y unificada, puede que suframos un destino similar. Esta es precisamente la comprensión que provocan *Los Aliados de la Humanidad*.

Aun así, este es un libro que puede cambiar vidas, pues activa una profunda llamada interna que nos recuerda nuestro propósito para estar vivos en este momento de la historia humana, y nos pone cara a cara con nada menos que nuestro destino. Aquí nos enfrentamos a la comprensión más incómoda de todas: el futuro mismo de la humanidad puede depender de cómo respondamos a este mensaje.

Aunque los Discursos de *Los Aliados de la Humanidad* suponen una seria recomendación de precaución, no hay en ellos incitación al miedo o al catastrofismo. En su lugar, el mensaje ofrece una esperanza extraordinaria sobre lo que es ahora una situación extremadamente difícil y peligrosa. La intención manifiesta es preservar y fortalecer la libertad humana, así como catalizar una respuesta personal y colectiva frente a la intervención extraterrestre.

De forma oportuna, la citada Rachel Carson identificó proféticamente en cierto momento el problema mismo que obstaculiza nuestra habilidad de responder a la crisis actual: *"Todavía no hemos madurado suficientemente"*, dijo, *"para pensar en nosotros mismos como si solo fuéramos una parte muy pequeña de un universo vasto e increíble"*. Es evidente que hace mucho que necesitamos una nueva comprensión de nosotros mismos, de nuestro lugar en el cosmos y de la vida en la Comunidad Mayor —el mayor universo físico y espiritual al que estamos emergiendo ahora—. Por fortuna, *Los Aliados de la Humanidad* sirve de puerta de acceso a un cuerpo de enseñanzas y prácticas espirituales sorprendentemente sustancial, que promete inculcar la madurez que la especie humana necesita con una perspectiva que no es terrestre ni antropocéntrica, sino que se enraiza en tradiciones más antiguas, más profundas y más universales.

En última instancia, el mensaje de *Los Aliados de la Humanidad* desafía casi todas nuestras nociones fundamentales sobre la realidad, dándonos a la vez nuestra mayor oportunidad para el avance y nuestro mayor desafío para la supervivencia. Aunque la crisis actual amenaza nuestra autodeterminación como especie, también puede aportarnos una fundación muy necesaria sobre la que traer unidad a la raza humana —algo casi imposible sin este contexto mayor—. Con la perspectiva ofrecida en *Los Aliados de la Humanidad* y en el cuerpo mayor de enseñanzas que Summers representa, recibimos tanto el imperativo como la inspiración para unirnos en una comprensión más profunda, de modo que podamos servir a la evolución futura de la humanidad.

◆

En su reportaje para la crítica de las 100 voces más influyentes del siglo XX de la revista *Time*, Peter Mattheisen escribió de Rachel Carson: "Antes de que hubiera un movimiento medioambiental, hubo una mujer valiente y su valeroso libro". Dentro de algunos años, puede que podamos decir algo similar de Marshall Vian Summers: antes de que hubiera un movimiento de liberación humana para resistir la Intervención extraterrestre, hubo un hombre valiente y su valeroso mensaje, *Los Aliados de la Humanidad*. Ojalá que en esta ocasión nuestra respuesta pueda ser más rápida, más decidida y más conjunta.

— MICHAEL BROWNLEE,
PERIODISTA.

Presentamos el libro *Los Aliados de la Humanidad* para preparar a la gente frente a toda una nueva realidad, que actualmente está en su mayor parte oculta y carece de reconocimiento en el mundo. Este libro provee una nueva perspectiva que empodera a la gente ante el mayor desafío y la mayor oportunidad que nosotros, como raza, hayamos encontrado nunca. Los Discursos de los Aliados contienen ciertas afirmaciones muy serias e incluso alarmantes acerca de la creciente intervención e integración extraterrestre en la raza humana, así como sobre sus actividades y planes ocultos. El propósito de los Discursos no es proveer una evidencia sólida sobre la realidad de la visitación extraterrestre a nuestro mundo, que es algo que está ya bien documentado en muchos otros buenos libros y revistas de investigación sobre el tema. El propósito de los Discursos es abordar las dramáticas y extensas implicaciones de este fenómeno, desafiar nuestras tendencias y suposiciones humanas al respecto y advertir a la familia humana del gran umbral que ahora encara. Los Discursos proveen un atisbo de la realidad de la vida inteligente en el Universo y de lo que el Contacto realmente va a significar. Para muchos lectores, lo que se revela en *Los Aliados de la Humanidad* será enteramente nuevo. Para otros, será una confirmación de las cosas que han sentido y sabido durante mucho tiempo.

Aunque este libro provee un mensaje urgente, trata también de la necesidad de moverse hacia una consciencia superior llamada "Conocimiento", que incluye una mayor capacidad telepática entre la gente y entre las razas. A la luz de esto, los Discursos de los Aliados fueron transmitidos al autor por parte de un grupo multirracial de individuos extraterrestres que se refieren a ellos mismos como los *"Aliados de la Humanidad"*. Ellos se describen como seres físicos de otros mundos que se han reunido en nuestro sistema solar, cerca de la Tierra, con el propósito de observar las comunicaciones y actividades de aquellas razas extraterrestres que están aquí en nuestro mundo interfiriendo en los asuntos humanos. Ellos enfatizan que no están físicamente presentes en el mundo y que están proveyendo la sabiduría necesaria, no tecnología o interferencia.

Los Discursos de los Aliados fueron entregados al autor a lo largo de un período de un año. Ellos ofrecen perspectiva y visión sobre un asunto complejo que, a pesar de décadas de evidencia acumulada, continúa desconcertando a los investigadores. Pero esta perspectiva no es romántica, especulativa o idealista en su aproximación a este asunto. Por el contrario es francamente realista e inflexible, hasta el punto de poder ser bastante desafiante, incluso para un lector que esté bien versado en el tema.

Por lo tanto, para recibir lo que este libro ofrece se requiere que el lector deje a un lado, por un momento al menos, muchas de las creencias, suposiciones y preguntas que podría tener acerca del Contacto extraterrestre, e incluso sobre cómo se recibió este libro. Sus contenidos son como un mensaje en una botella, que ha sido enviada aquí desde más allá del mundo. Por ello, no debemos estar tan preocupados por la botella sino por el mensaje mismo.

Para entender verdaderamente este mensaje desafiante, debemos enfrentar y cuestionar muchas de las tendencias y suposiciones dominantes acerca de la posibilidad y la realidad del contacto. Estas incluyen:

— negación;

— expectativa esperanzada;

— malinterpretación de la evidencia para afirmar nuestras creencias;

— querer y esperar salvación por parte de los "visitantes";

— creer que la tecnología extraterrestre nos salvará;

— sentirse desesperado y sumiso ante lo que asumimos es una fuerza superior;

— demandar revelación a los gobiernos pero no a los extraterrestres;

— condenar a los líderes e instituciones humanos mientras se mantiene una incuestionada aceptación de los "visitantes";

— asumir que porque ellos no nos han atacado o invadido entontes deben estar aquí por nuestro bien;

— asumir que la tecnología avanzada equivale a una ética y una espiritualidad avanzadas;

— creer que este fenómeno es un misterio cuando en realidad es un evento comprensible;

— creer que los extraterrestres de alguna manera tienen derechos respecto a la humanidad y este planeta;

— y creer que la humanidad es irredimible y no puede salir adelante por sí sola.

Los Discursos de los Aliados de la Humanidad desafían tales presunciones y tendencias y rompen con muchos de los mitos que actualmente tenemos sobre quiénes nos están visitando y por qué están aquí.

Los Discursos nos dan una mayor perspectiva y un entendimiento más profundo de nuestro destino dentro de un panorama mayor de vida inteligente en el Universo. Para lograrlo, los Aliados no hablan a nuestra mente analítica sino al Conocimiento, la parte más profunda de nuestro ser, donde la verdad, no importa cuán oculta, puede ser directamente discernida y experimentada.

El libro *Los Aliados de la Humanidad* hará surgir muchas preguntas que requerirán exploración y contemplación adicional. Su énfasis no es aportar nombres, datos y lugares, sino proveer una perspectiva sobre la presencia extraterrestre en el mundo y sobre la vida en el Universo que nosotros como seres humanos no podríamos tener de otro modo. Mientras seguimos viviendo en el aislamiento de la superficie de nuestro mundo no podemos ver y saber todavía lo que ocurre respecto a la vida inteligente más allá de nuestras fronteras. Para esto necesitamos ayuda, ayuda de una clase muy extraordinaria. Puede que no reconozcamos o aceptemos esta ayuda al principio. Pero ella está aquí.

El propósito expresado por los Aliados es advertirnos de los riesgos de emerger a una Comunidad Mayor de vida inteligente y ayudarnos a cruzar con éxito este gran umbral, de manera que la libertad, la soberanía y la autodeterminación humanas puedan preservarse. Los Aliados están aquí para aconsejarnos sobre la necesidad que tiene la humanidad de establecer sus propias "Reglas de Interacción" durante este momento sin precedentes. Según los Aliados, si somos sabios y estamos unidos y preparados seremos capaces de tomar el lugar que nos corresponde en la Comunidad Mayor como una raza libre y madura.

◆

En el transcurso de esta serie de discursos, los Aliados repitieron ciertas ideas clave que sentían eran vitales para nuestro entendimiento. Hemos mantenido estas reiteraciones en el libro para preservar la intención y la integridad de su comunicación. Debido a la naturaleza urgente del mensaje de los Aliados y debido a las fuerzas en el mundo que se opondrían a este mensaje, estas repeticiones tienen su sabiduría y su necesidad.

Siguiendo a la publicación de *Los Aliados de la Humanidad* en el año 2001, los Aliados proveyeron un segundo conjunto de Discursos para completar su vital mensaje a la humanidad. *Los Aliados de la Humanidad, Libro Dos,* publicado en 2005, presenta nueva y asombrosa información sobre las interacciones entre razas en nuestro Universo local, así como sobre la naturaleza, el propósito y las actividades más ocultas de aquellas razas que están interfiriendo en los asuntos humanos. Gracias a aquellos lectores que sintieron la urgencia del mensaje de los Aliados y tradujeron los Discursos a otros lenguajes, existe una creciente consciencia global sobre la realidad de la Intervención.

Nosotros, en la New Knowledge Library (Biblioteca del Nuevo Conocimiento), consideramos que estos dos* conjuntos de Discursos contienen lo que puede ser uno de los más importantes mensajes que hoy se estén comunicando en el mundo. *Los Aliados de la Humanidad* no es simplemente otro libro especulando sobre el fenómeno ovni/extraterrestre. Es un mensaje transformacional genuino, enfocado directamente en el propósito oculto de la Intervención alienígena, para cultivar la consciencia que necesitaremos para afrontar los desafíos y oportunidades por delante.

— NEW KNOWLEDGE LIBRARY
(BIBLIOTECA DEL NUEVO CONOCIMIENTO)

* (Nota del traductor: El 15 de febrero del año 2012 se presentó un tercer conjunto de Discursos de los Aliados)

¿QUIÉNES SON LOS ALIADOS DE LA HUMANIDAD?

Los Aliados sirven a la humanidad porque sirven a la reclamación y a la expresión del Conocimiento en todos los lugares de la Comunidad Mayor. Ellos representan a los Sabios en muchos mundos, que sostienen un mayor propósito en la vida. Juntos comparten un Conocimiento y una Sabiduría mayores que pueden transferirse a través de vastas distancias y a través de todas las fronteras de raza, cultura, temperamento y ambiente. Su sabiduría es penetrante. Su habilidad es grande. Su presencia está oculta. Ellos os reconocen porque comprenden que sois una raza emergente, una raza emergiendo a un ambiente muy difícil y competitivo en la Comunidad Mayor.

◆

GREATER COMMUNITY SPIRITUALITY
(ESPIRITUALIDAD DE LA COMUNIDAD MAYOR)
Capítulo 15: "¿Quién Sirve a la Humanidad?"

...Hace más de veinte años, un grupo de individuos de varios mundos diferentes se reunió en una discreta localización de nuestro sistema solar, cerca de la Tierra, con el propósito de observar la Intervención extraterrestre que está ocurriendo en nuestro mundo. Desde su oculto punto de observación fueron capaces de determinar la identidad, la organización y las intenciones de aquellos que están visitando nuestro mundo, así como de monitorizar las actividades de estos visitantes.

Este grupo de observadores se llaman a sí mismos los "Aliados de la Humanidad".

Este es su informe.

Los
Discursos

◆

La Presencia Extraterrestre Hoy en el Mundo

s un gran honor para nosotros poder presentar esta información a todos aquellos que tienen la fortuna de escuchar este mensaje. Nosotros somos los Aliados de la Humanidad. Esta transmisión está siendo posible gracias a la presencia de Los Invisibles, los consejeros espirituales que supervisan el desarrollo de la vida inteligente tanto en su mundo como en toda la Comunidad Mayor de Mundos.

Nosotros no nos estamos comunicando a través de ningún aparato mecánico, sino mediante un canal espiritual que está libre de interferencias. A pesar de que vivimos como ustedes en lo físico, se nos ha dado el privilegio de comunicarnos de esta manera para entregar la información que debemos compartir.

Representamos a un pequeño grupo que está observando los acontecimientos de su mundo. Venimos de la Comunidad Mayor. Nosotros no interferimos en los asuntos de los humanos. No tenemos establecimientos aquí. Hemos sido enviados con un propósito muy específico: ser testigos de los acontecimientos que están ocurriendo en su mundo y, si se da la oportunidad, comunicarles lo que vemos y sabemos. Porque ustedes viven en la superficie de su mundo y no pueden ver las circunstancias que les rodean, ni pueden ver claramente la visitación que su planeta está recibiendo en estos tiempos o lo que ello representará para su futuro.

Nos gustaría dar testimonio de ello. Lo hacemos a petición de Los Invisibles, ya que hemos sido enviados con este propósito. La información que estamos a punto de darles puede parecer muy dificultosa o alarmante. Puede que sea inconcebible para muchos de los que oigan este mensaje. Comprendemos esta dificultad, ya que nosotros mismos hemos tenido que afrontarlo en nuestras propias culturas.

A medida que escuchen puede que al principio la información les resulte difícil de aceptar, pero es vital para todos aquellos que busquen hacer una contribución en el mundo.

Durante muchos años hemos estado observando los asuntos de su mundo. Nosotros no buscamos relaciones con la humanidad. No estamos aquí en una misión diplomática. Hemos sido enviados por Los Invisibles a las proximidades de su planeta para observar los acontecimientos que les vamos a describir.

Nuestros nombres no son importantes. Ellos no tendrían significado para ustedes. Y no debemos compartirlos por nuestra propia seguridad, ya que debemos permanecer ocultos para poder servir.

Para comenzar, es necesario que la gente de todas partes comprenda que la humanidad está emergiendo a una Comunidad Mayor de vida inteligente. Su planeta está siendo "visitado" por varias razas extranjeras y por diferentes organizaciones de razas. Esto ha estado ocurriendo activamente por algún tiempo. Ha habido visitas a lo largo de la historia humana, pero ninguna de esta magnitud. La aparición de las armas nucleares y la destrucción de su mundo natural han traído a estas fuerzas a sus inmediaciones.

Hoy día hay mucha gente en el mundo, entendemos, que está comenzando a darse cuenta de que esto está sucediendo. Y entendemos también que hay muchas interpretaciones de esta visitación, de lo que podría significar y lo que podría ofrecer. Gran parte de la gente que es consciente de estas cosas está muy esperanzada y anticipa un gran beneficio para la humanidad. Entendemos que es natural esperar esto. Es natural tener esperanza.

La visitación a su planeta es ahora muy amplia, tanto que por todo el mundo hay gente que está siendo testigo de ella y está experimentando directamente sus efectos. Lo que ha traído a estos "visitantes" de la Comunidad Mayor, a estas diferentes organizaciones de seres, no es un deseo de promover el avance de la humanidad o la educación espiritual de la humanidad. Lo que ha traído a estas fuerzas a sus inmediaciones en tal número y con tal intención son los recursos de su mundo.

> La visitación a su planeta es ahora muy amplia, tanto que por todo el mundo hay gente que está siendo testigo de ella y está experimentando directamente sus efectos.

Comprendemos que al principio esto puede ser difícil de aceptar, porque ustedes aún no pueden apreciar lo bello que es su mundo, cuánto posee y qué rara joya es en una Comunidad Mayor de mundos yermos y espacio vacío. Mundos como el suyo son realmente extraordinarios. La mayoría de lugares en la Comunidad Mayor que ahora están habitados han sido colonizados, y lo que ha hecho esto posible ha sido la tecnología. Pero mundos como el suyo, donde la vida se ha desarrollado de forma natural sin la ayuda de la tecnología, son mucho más raros de lo que ustedes puedan pensar. Otros se han dado cuenta de esto, por supuesto, ya que los recursos biológicos de su mundo han sido usados por varias razas durante milenios. Este mundo está considerado por algunos como un almacén. Sin embargo, tanto el desarrollo de la cultura humana y de armas peligrosas como el deterioro de estos recursos han causado la Intervención extraterrestre.

Quizá podrían preguntarse por qué no se han hecho esfuerzos diplomáticos para establecer contacto con los líderes de la humanidad. Es una pregunta razonable, pero la dificultad está en que no hay nadie que represente a la humanidad, ya que su gente está dividida y sus naciones se oponen entre sí. Estos visitantes de los que hablamos asumen también que ustedes son belicosos y agresivos y podrían traer daño y hostilidad al universo que les rodea, a pesar de sus buenas cualidades.

Por lo tanto, en nuestro discurso queremos darles una idea de lo que está ocurriendo, de su significado para la humanidad y de cómo ello está relacionado con su desarrollo espiritual, su desarrollo social y su futuro tanto en el mundo como en la Comunidad Mayor de Mundos.

La gente no es consciente de la presencia de fuerzas extraterrestres. No es consciente de la presencia de exploradores de recursos, de aquellos que buscarían una alianza con la humanidad para su propio beneficio. Quizá deberíamos comenzar aquí dándoles una idea de lo que es la vida más allá de sus inmediaciones, ya que ustedes no han viajado lejos y no pueden juzgar estas cosas por sí mismos.

Ustedes viven en una parte de la galaxia que está bastante habitada. No todas las partes de la galaxia están tan habitadas.

Existen grandes regiones inexploradas. Existen muchas razas ocultas. El negocio y el comercio entre mundos solo se llevan a cabo en ciertas áreas. El entorno al que emergerán es muy competitivo. La necesidad de recursos se experimenta por todas partes, y muchas sociedades tecnológicas han sobrepasado los recursos naturales de sus mundos y deben negociar, hacer trueques y viajar para adquirir lo que necesitan. Es una situación muy complicada. Se forman muchas alianzas y ocurren conflictos.

Quizá en este punto sea necesario darse cuenta de que la Comunidad Mayor a la que están emergiendo es un ambiente muy difícil y desafiante, pero aun así se trata de un ambiente que trae grandes oportunidades y posibilidades para la humanidad. En cualquier caso, para comprender estas posibilidades y ventajas la humanidad tiene que prepararse y aprender acerca de cómo es la vida en el universo, y debe comprender lo que la espiritualidad significa dentro de una Comunidad Mayor de vida inteligente.

Nosotros comprendemos, por nuestra propia historia, que este es el mayor umbral que cualquier mundo afrontará nunca. En cualquier caso, no es algo que puedan planear para sí mismos. No es algo que puedan diseñar para su propio futuro, porque las fuerzas mismas que traerían aquí la realidad de la Comunidad Mayor están ya presentes en el mundo. Las circunstancias las han traído. Están aquí.

Quizá esto les pueda dar una idea de lo que es la vida más allá de sus fronteras. No queremos crear una idea atemorizadora, pero es necesario para su propio bienestar y para su futuro que ustedes tengan una evaluación honesta y puedan llegar a ver estas cosas con claridad.

Nosotros sentimos que la necesidad de prepararse para la

vida en la Comunidad Mayor es la principal necesidad que existe en su mundo hoy día. Y aun así, según vemos, las personas están preocupadas con sus propios asuntos y sus propios problemas en su vida diaria, inconscientes de las grandes fuerzas que van a cambiar su destino y a afectar su futuro.

Las fuerzas y grupos que están aquí hoy representan varias alianzas diferentes. Estas diferentes alianzas no están unidas en sus esfuerzos las unas con las otras. Cada alianza representa a diversos y variados grupos raciales, que están colaborando con el propósito de ganar acceso a los recursos de su planeta y mantener ese acceso. Estas diferentes alianzas están en esencia compitiendo entre sí, aunque no están en guerra entre ellas. Ven su mundo como un gran botín, como algo que quieren tener para sí mismas.

> Las fuerzas y grupos que están aquí hoy representan varias alianzas diferentes.

Esto crea un reto muy grande para su gente, ya que las fuerzas que les visitan no solo tienen tecnología avanzada, sino también una fuerte cohesión social, y son capaces de influenciar el pensamiento en el Ambiente Mental. Miren, en la Comunidad Mayor la tecnología se adquiere fácilmente, así que la gran ventaja entre las sociedades competitivas es la habilidad de influenciar el pensamiento. Esto se ha llevado a cabo en demostraciones muy sofisticadas y representa un conjunto de habilidades que la humanidad está solo comenzando a descubrir.

Como resultado, sus visitantes no vienen cargados con grandes armas, ejércitos o armadas de naves. Ellos vienen en grupos relativamente pequeños, pero poseen una considerable habilidad para influenciar a la gente. Esto, en la Comunidad Mayor, representa un uso más sofisticado y maduro del poder.

Esta es la habilidad que la humanidad tendrá que cultivar en el futuro para poder competir con éxito con otras razas.

Los visitantes están aquí para ganar la lealtad de la humanidad. No quieren destruir la presencia de los humanos ni sus instituciones. En su lugar, les gustaría aprovecharlas en su propio beneficio. Su intención es la utilización, no la destrucción. Ellos creen estar en su derecho porque creen que están salvando al mundo. Algunos incluso creen estar salvando a la humanidad de sí misma. Pero esta perspectiva no atiende a sus principales intereses, ni fomenta la sabiduría o la autodeterminación para la familia humana.

Sin embargo, debido a que existen fuerzas del bien en la Comunidad Mayor de Mundos, ustedes tienen aliados. Nosotros representamos la voz de sus aliados, los Aliados de la Humanidad. Nosotros no estamos aquí para usar sus recursos o tomar lo que ustedes poseen. No buscamos convertir a la humanidad en un estado cliente o en una colonia para nuestros propios fines. Por el contrario, deseamos alentar la fortaleza y la sabiduría en la humanidad, porque eso es lo que nosotros apoyamos por toda la Comunidad Mayor.

Nuestro papel por tanto es bastante esencial y nuestra información muy necesaria, porque en este momento incluso la gente que es consciente de la presencia de los visitantes no es todavía consciente de sus intenciones. La gente no comprende los métodos de los visitantes ni comprende su ética y su moral. Piensa que los visitantes son ángeles o son monstruos. Pero en realidad son muy parecidos a ustedes en sus necesidades. Si pudieran ver el mundo a través de sus ojos comprenderían su

> Los visitantes están ocupados en cuatro actividades fundamentales para ganar influencia en su mundo.

consciencia y su motivación, aunque para hacerlo ustedes tendrían que aventurarse más allá de su propia consciencia y motivación.

Los visitantes están ocupados en cuatro actividades fundamentales para ganar influencia en su mundo. Cada una de ellas es única en su género, pero todas están coordinadas conjuntamente. Se están llevando a cabo estas actividades porque la humanidad ha sido estudiada durante mucho tiempo. El pensamiento humano, su comportamiento, su psicología y su religión han sido estudiados por algún tiempo. Estos temas han sido bien entendidos por sus visitantes y los usarán para sus propios fines.

La primera actividad de los visitantes consiste en influenciar a individuos en posiciones de poder y autoridad. Debido a que los visitantes no quieren destruir nada en el mundo ni dañar los recursos del planeta, buscan ganar influencia sobre aquellos que ven que están en posiciones de poder, fundamentalmente en el gobierno y la religión. Ellos buscan el contacto, pero solo con ciertos individuos. Ellos tienen el poder de establecer este contacto, y tienen el poder de la persuasión. No todos los individuos que contacten serán persuadidos, pero muchos sí lo serán. La promesa de mayor poder, mayor tecnología y dominio del mundo intrigará e incitará a muchos individuos. Y son estos individuos los que los visitantes buscarán para establecer un vínculo.

> La promesa de mayor poder, mayor tecnología y dominio del mundo intrigará e incitará a muchos individuos. Y son estos individuos los que los visitantes buscarán para establecer un vínculo.

Muy pocas personas de los gobiernos del mundo están siendo afectadas de esta manera, pero su número está creciendo. Los visitantes comprenden la jerarquía de poder ya que ellos mismos viven con ella, siguiendo su propio canal de mando, se podría decir. Ellos están altamente organizados y centrados en sus deberes, y la idea de tener culturas llenas de individuos de pensamiento libre les resulta extraña en gran medida. Ellos no conciben ni comprenden la libertad individual. Son como muchas de las sociedades tecnológicamente avanzadas en la Comunidad Mayor que funcionan tanto en sus respectivos mundos como en sus instituciones a lo largo de vastas distancias en el espacio, usando una forma de gobierno y organización que está muy bien establecida y es muy rígida. Ellos piensan que la humanidad es caótica e ingobernable y creen estar trayendo orden a una situación que ellos mismos no pueden comprender. La libertad individual les es desconocida y no ven su valor. Como resultado, lo que buscan establecer en el mundo no hará honor a esta libertad.

Por tanto, su primera área de esfuerzo consiste en establecer un vínculo con individuos en posiciones de poder e influencia, para conseguir su lealtad y persuadirles de los aspectos beneficiosos de tener una relación y un propósito común.

La segunda área de actividad, que es quizá la más difícil de considerar desde su perspectiva, consiste en la manipulación de los valores e impulsos religiosos. Los visitantes entienden que las mayores habilidades de la humanidad son también su punto más vulnerable. El anhelo de la gente por la redención individual representa uno de los más grandes bienes que la familia humana puede ofrecer, incluso a la Comunidad Mayor. Pero también es su debilidad. Y estos valores e impulsos serán utilizados.

Varios grupos de los visitantes desearían establecerse a sí mismos como agentes espirituales, ya que saben cómo expresarse en el Ambiente Mental. Ellos pueden comunicarse con la gente directamente, y por desgracia, debido a que hay muy poca gente en el mundo que pueda distinguir la diferencia entre una voz espiritual y la voz de los visitantes, la situación se hace muy difícil.

Por tanto, la segunda área de actividad trata de conseguir la lealtad de la gente a través de sus motivaciones religiosas y espirituales. La verdad es que esto puede hacerse muy fácilmente, ya que la humanidad no se ha fortalecido ni desarrollado todavía en el Ambiente Mental. Es difícil para la gente discernir de dónde vienen estos impulsos. Muchas personas quieren entregarse a cualquier cosa que ellas piensen que tiene una mayor voz y un mayor poder. Sus visitantes pueden proyectar imágenes — imágenes de sus santos, de sus maestros, de ángeles—, imágenes que son consideradas queridas o sagradas en su mundo. Ellos han cultivado esta habilidad gracias a muchos, muchos siglos de intentar influenciar a otros, y mediante el aprendizaje de las formas de persuasión que son practicadas en muchos lugares de la Comunidad Mayor. Ellos les consideran a ustedes primitivos, así que sienten que pueden ejercer esta influencia y usar estos métodos sobre ustedes.

Aquí existe un esfuerzo por contactar a aquellos individuos que se consideran sensitivos, receptivos y dados a cooperar de manera natural. Mucha gente será seleccionada, pero unos pocos serán escogidos basándose en estas habilidades particulares. Los visitantes intentarán conseguir la lealtad, la confianza y la devoción de estos individuos, diciéndoles que ellos, los visitantes, están aquí para elevar la espiritualidad de la humanidad y para dar una nueva esperanza, nuevas bendiciones y un nuevo poder —prometiendo en efecto las cosas que la gente quiere muy profundamente pero no ha encontrado todavía por sí misma—.

Quizá ustedes podrían preguntarse, "¿Cómo puede ocurrir algo así?" Pero podemos asegurarles que no es difícil una vez se han aprendido estas destrezas y habilidades.

El esfuerzo aquí es el de pacificar y reeducar a la gente mediante la persuasión espiritual. Este "Programa de Pacificación" se usa de forma diferente con diferentes grupos religiosos, dependiendo de sus ideales y su temperamento. Siempre se dirige a individuos receptivos. Aquí se espera que la gente pierda su sentido de discernimiento y se vuelva completamente confiada del gran poder que siente que los visitantes le están dando. Una vez que esta fidelidad sea establecida, se hará cada vez más difícil para los individuos distinguir lo que saben por sí mismos de lo que se les ha dicho. Esta es una forma de persuasión y manipulación muy sutil, pero muy penetrante. Hablaremos más de ello conforme sigamos.

Permítannos ahora mencionar la tercera área de actividad, que trata de establecer la presencia de los visitantes en el mundo y que la gente se acostumbre a esta presencia. Ellos quieren que la humanidad se aclimate a este grandísimo cambio que está ocurriendo a su alrededor —aclimatarla a la presencia física de los visitantes y a su efecto en su Ambiente Mental—. Para asistir a este propósito crearán aquí establecimientos, aunque no a la vista. Estos establecimientos estarán ocultos, pero serán muy poderosos en su capacidad de ejercer una influencia sobre las poblaciones humanas que estén en sus proximidades. Los visitantes tomarán gran cuidado y tiempo para asegurarse de que estos establecimientos sean efectivos y de que suficiente gente les brinde fidelidad. Es esta gente quien protegerá y mantendrá la presencia de los visitantes.

Esto es precisamente lo que está ocurriendo en su mundo en este momento. Ello representa un gran reto y, desafortunadamente, también un gran riesgo. Esta exacta escena que estamos describiendo ha ocurrido muchas veces en muchos lugares de la Comunidad Mayor, y razas emergentes como la suya son siempre las más vulnerables. Algunas razas emergentes son capaces de establecer su consciencia, su habilidad y su cooperación propias hasta el punto de poder equilibrar influencias exteriores como las expuestas y establecer una presencia y una posición en la Comunidad Mayor. Sin embargo, muchas razas caen bajo el control y la influencia de poderes extranjeros antes incluso de obtener su libertad.

Comprendemos que esta información puede incitar considerable miedo y quizá rechazo o confusión. Pero según observamos los acontecimientos, vemos que hay muy poca gente que sea consciente de la situación tal y como realmente es. Incluso la gente que está tomando consciencia de la presencia de fuerzas extranjeras no está en posición de poder ver con claridad lo que ocurre. Y siendo siempre esperanzada y optimista, trata de dar a este gran fenómeno un significado tan positivo como puede.

Sin embargo, la Comunidad Mayor es un ambiente muy competitivo, un ambiente difícil. Aquellos que se involucran en viajes espaciales no representan necesariamente a los avanzados en lo espiritual, ya que estos últimos buscan aislarse de la Comunidad Mayor. Ellos no buscan comercio. No pretenden influenciar a otras razas o enfrascarse en la muy compleja serie de relaciones que se establecen para el negocio y el beneficio mutuo. Por el contrario, aquellos que

Aquellos que se involucran en viajes espaciales no representan necesariamente a los avanzados en lo espiritual...

son avanzados espiritualmente procuran permanecer ocultos. Esta es una comprensión muy distinta quizás, pero necesaria para que ustedes lleguen a entender la difícil situación a la que se enfrenta la humanidad. Pero esta situación contiene grandes posibilidades, y nos gustaría hablar ahora sobre ellas.

A pesar de la gravedad de la situación que estamos describiendo, nosotros no sentimos que todas estas circunstancias sean una tragedia para la humanidad. De hecho, si estas circunstancias pueden ser reconocidas y entendidas, y si la preparación para la Comunidad Mayor, que ahora existe en el mundo, puede ser utilizada, estudiada y aplicada, entonces las personas de buena conciencia de todas partes serán capaces de aprender el Conocimiento y la Sabiduría de la Comunidad Mayor. De este modo, la gente de todas partes encontrará las bases para la cooperación, de forma que la familia humana pueda finalmente establecer una unión jamás lograda aquí anteriormente. Porque hará falta la amenaza de la Comunidad Mayor para unir a la humanidad. Y esta amenaza está presente ahora.

> La gente de todas partes posee grandes dones espirituales que les permiten ver y saber con claridad. Estos dones son ahora necesarios.

Su evolución es emerger a una Comunidad Mayor de vida inteligente. Ello ocurrirá tanto si están preparados como si no. Debe ocurrir. La preparación, por tanto, se vuelve la clave. Comprensión y claridad —estas son las cosas que se requieren y se necesitan actualmente en su mundo.

La gente de todas partes posee grandes dones espirituales que les permiten ver y saber con claridad. Estos dones son ahora necesarios. Necesitan ser reconocidos, empleados y compartidos libremente. No es únicamente responsabilidad de un gran maestro o de un gran santo de su mundo el hacer esto. Estos dones deben ser cultivados ahora por muchas más personas, ya que la situación trae consigo la necesidad, y si la necesidad puede abrazarse, ella trae consigo una gran oportunidad.

No obstante, los requisitos para aprender sobre de la Comunidad Mayor y comenzar a experimentar la Espiritualidad de la Comunidad Mayor son tremendos. Nunca antes los seres humanos han tenido que aprender estas cosas en tan corto periodo de tiempo. De hecho, rara vez han sido aprendidas antes por alguien de su mundo, pero ahora la necesidad ha cambiado. Las circunstancias son diferentes. Ahora existen nuevas influencias en su entorno, influencias que ustedes pueden sentir y pueden conocer.

Los visitantes intentan incapacitar a la gente para que no pueda tener esta visión y este Conocimiento dentro de sí misma, ya los propios visitantes carecen de ambos. Ellos no ven su valor, no comprenden su realidad. En esto, la humanidad como conjunto está más avanzada que ellos. Pero es únicamente un potencial, un potencial que ahora debe ser cultivado.

La presencia extraterrestre en el mundo está creciendo. Crece cada día, cada año. Muchas personas están cayendo bajo su persuasión, perdiendo su habilidad de saber, quedando confusas y distraídas, creyendo en cosas que solo pueden debilitarlas y volviéndose impotentes ante aquellos que buscan utilizarlas para sus propios fines.

La humanidad es una raza emergente. Es vulnerable. Está ahora afrontando una serie de circunstancias e influencias que nunca antes ha tenido que afrontar. Ustedes se han desarrollado únicamente para competir consigo mismos. Nunca han tenido que competir con otras formas de vida inteligente. Sin embargo, es esta competencia lo que les fortalecerá y fomentará sus más grandes atributos, si la situación es vista y entendida con claridad.

El papel de Los Invisibles es nutrir esta fortaleza. Los Invisibles, a quienes ustedes correctamente llamarían ángeles, no solamente hablan al corazón humano, sino a los corazones en todas partes que sean capaces de escuchar y hayan ganado la libertad de escuchar.

Por lo tanto, nosotros venimos con un mensaje muy difícil, pero es un mensaje de promesa y esperanza. Es posible que no sea el mensaje que la gente quiere escuchar. Desde luego no es el mensaje que los visitantes promoverían. Es un mensaje que puede ser compartido de persona a persona, y será compartido, porque es natural hacerlo. Aun así, los visitantes y aquellos que han caído bajo el poder de su persuasión se opondrán a esta consciencia. Ellos no quieren ver una humanidad independiente. No es ese su propósito. Ellos ni siquiera creen que eso sea beneficioso. Por tanto, es nuestro sincero deseo que estas ideas sean consideradas no con ansiedad, sino con una mentalidad seria y un profundo interés que están aquí bien justificados.

Entendemos que actualmente hay mucha gente en el mundo sintiendo que se aproxima un gran cambio para la humanidad. Los Invisibles nos han hablado de estas cosas. Se atribuyen muchas causas a esta sensación de cambio y se anuncian muchas consecuencias. Sin embargo, a menos que ustedes comiencen a comprender la realidad de que la humanidad esta emergiendo a una Comunidad Mayor de vida inteligente, no tendrán el contexto correcto para comprender el destino de la humanidad o el gran cambio que está ocurriendo en el mundo.

Desde nuestra perspectiva, la gente nace en un tiempo para servir a ese tiempo. Esto es una enseñanza de la Espiritualidad de la Comunidad Mayor, una enseñanza de la que también nosotros somos estudiantes. Ella enseña libertad y el poder de un propósito común. Ella otorga autoridad al individuo y al individuo que se puede unir a otros —ideas raramente aceptadas o adoptadas en la Comunidad Mayor, ya que la Comunidad Mayor no es el estado celestial—. La Comunidad Mayor es una realidad física con los rigores de la supervivencia y todo lo que eso conlleva. Todos los seres que están en esta realidad deben tratar con esas necesidades y consecuencias, y en esto sus visitantes se les parecen más de lo que ustedes creen. Ellos no son incomprensibles. Intentan ser incomprensibles, pero pueden ser entendidos. Ustedes tienen el poder de hacerlo, pero deben mirar con los ojos bien abiertos. Deben mirar con una visión más amplia y deben saber con una mayor inteligencia; una visión e inteligencia que ustedes tienen la oportunidad de cultivar dentro de sí mismos.

Ahora es necesario que nosotros les hablemos más acerca de la segunda área de influencia y persuasión, porque tiene una gran importancia y es nuestro sincero deseo que ustedes comprendan estas cosas y las consideren por sí mismos.

Las religiones del mundo poseen la clave de la dedicación y la lealtad humanas, más que los gobiernos y más que cualquier otra institución. Esto habla a favor de la humanidad, ya que religiones así son a menudo difíciles de encontrar en la Comunidad Mayor. Su mundo es rico en este aspecto, pero su fortaleza es también el punto donde ustedes son débiles y vulnerables. Mucha gente quiere ser señalada y guiada de forma divina, entregar las riendas de su propia vida y tener un mayor poder espiritual que la dirija, la aconseje y la proteja. Este es un deseo genuino, pero en el contexto de la Comunidad Mayor debe cultivarse una considerable sabiduría para que este deseo se satisfaga. Es muy triste para nosotros observar cómo la gente entregaría su autoridad tan fácilmente — algo que ni siquiera ha llegado a tener totalmente, lo va a entregar por propia voluntad a aquellos que le son desconocidos.

Este mensaje está destinado a llegar a la gente que tiene una mayor afinidad espiritual. Por lo tanto, es preciso que nos extendamos sobre este tema. Nosotros proclamamos una espiritualidad que es enseñada en la Comunidad Mayor; no la espiritualidad que es regida por naciones, gobiernos y alianzas políticas, sino una espiritualidad natural —la habilidad de saber, ver y actuar—. Pero los visitantes no ponen el énfasis en esto. Ellos tratan de hacer creer a la gente que los visitantes son su familia, que los visitantes representan su hogar, que los visitantes son sus hermanos y hermanas, sus madres y padres. Mucha gente quiere creer, y por tanto, cree. Mucha gente quiere entregar su autoridad personal, y por tanto, la entrega. Mucha gente quiere ver amigos y salvación en los visitantes, y así, esto es lo que se le mostrará.

Mucha gente quiere ver amigos y salvación en los visitantes, y así, esto es lo que se le mostrará.

Hará falta mucha sobriedad y objetividad para ver a través de estos engaños y dificultades. Será necesario que la gente lo haga si la humanidad quiere emerger a la Comunidad Mayor manteniendo su libertad y su autodeterminación en un ambiente de enormes fuerzas e influencias. En este ambiente su mundo podría ser tomado sin disparar un solo tiro, ya que la violencia se considera primitiva y vulgar y raramente se emplea en asuntos de esta índole.

Quizá ustedes estén preguntándose, "¿Quiere esto decir que está ocurriendo una invasión de nuestro mundo?" Debemos decir que la respuesta a esto es "sí"; una invasión de lo más sutil. Si ustedes pueden acoger estos pensamientos y considerarlos seriamente, serán capaces de ver estas cosas por sí mismos. La evidencia de esta invasión está por todas partes. Ustedes pueden ver cómo la habilidad humana está descompensada por el deseo de felicidad, paz y seguridad; cómo la visión y la habilidad de saber de la gente están bloqueadas por influencias que están incluso en sus propias culturas. ¡Cuánto mayores serán estas influencias en el ambiente de la Comunidad Mayor!

Este es el difícil mensaje que nosotros debemos presentar. Es un mensaje que debe ser dicho, la verdad que debe ser dicha, la verdad que es vital y no puede esperar. Es ahora muy necesario que la gente aprenda un mayor Conocimiento, una mayor Sabiduría y una mayor Espiritualidad, de forma que pueda encontrar sus verdaderas habilidades y sea capaz de usarlas de manera efectiva.

Su libertad está en juego. El futuro de su mundo está en juego. Esta es la razón por la que se nos ha enviado aquí, para hablarles en nombre de los Aliados de la Humanidad. Hay aquellos en el universo que mantienen el Conocimiento y la Sabiduría vivos y practican una Espiritualidad de la Comunidad Mayor. Ellos no viajan por todas partes ejerciendo su influencia sobre diferentes mundos. No toman a la gente en contra de su voluntad. No roban sus animales y sus plantas. No influyen a sus gobiernos. No intentan procrear con la humanidad para crear aquí un nuevo liderazgo. Sus aliados no interfieren en los asuntos humanos. No manipulan el destino humano. Ellos observan desde lejos y envían emisarios como nosotros, con gran riesgo personal, para dar consejo y aliento, y para clarificar las cosas cuando ello se hace necesario. Venimos, por lo tanto, en paz y con un mensaje vital.

Ahora debemos hablar de la cuarta vía por la que sus visitantes intentan establecerse a sí mismos, y es a través de la hibridación. Ellos no pueden vivir en su medio ambiente. Necesitan su vigor físico. Necesitan su afinidad natural con el mundo. Necesitan sus habilidades reproductivas. Ellos también quieren vincularse a ustedes porque entienden que eso crea lealtad. Eso en cierta forma establece su presencia aquí, ya que los retoños de un programa como este tendrán relaciones de sangre en el mundo, y aun así serán leales a los visitantes. Quizá esto pueda parecer increíble, pero es muy real.

Los visitantes no están aquí para quitarles la habilidad de procrear. Están aquí para establecerse a sí mismos. Quieren que la humanidad crea en ellos y les sirva. Quieren que la humanidad trabaje para ellos. Ellos prometerán cualquier cosa, ofrecerán cualquier cosa y harán cualquier cosa para alcanzar esta meta. Sin embargo, aunque su persuasión es potente, su número es pequeño. Pero su influencia está creciendo y su programa de hibridación, que ha estado llevándose a cabo durante varias generaciones, será al final efectivo. Habrá seres humanos de mayor inteligencia, pero que no representan a la familia humana. Tales cosas son posibles y han ocurrido incontables veces en la Comunidad Mayor. Solo tienen que mirar en su propia historia para ver el impacto de unas culturas y razas sobre las otras, y ver cuán dominantes e influyentes pueden ser estas interacciones.

Por lo tanto, traemos importantes noticias, serias noticias. Pero ustedes deben tener coraje, porque este no es un tiempo para ambivalencias. Este no es momento de intentar escapar. No es momento de preocuparse por uno mismo y su propia felicidad. Es un tiempo para contribuir al mundo, fortalecer a la familia humana e invocar aquellas habilidades naturales que existen en la gente —la habilidad de ver, saber y actuar en armonía los unos con los otros—. Estas habilidades pueden neutralizar la influencia que está ejerciéndose sobre la humanidad en este momento, pero estas habilidades deben crecer y deben ser compartidas. Esto es de la más vital importancia.

Este es nuestro consejo. Viene con buenas intenciones. Estén contentos de tener aliados en la Comunidad Mayor, pues los van a necesitar. Ustedes se están adentrando en un universo mayor, lleno de fuerzas e influencias que todavía no han aprendido a contrarrestar. Están entrando en un panorama de vida que es mucho mayor, y deben prepararse para ello. Nuestras palabras son solamente una parte de esta preparación. En este momento se está enviando una preparación al mundo. Esta preparación no proviene de nosotros, sino del Creador de toda vida. Ella viene justo en el momento adecuado, porque este es el momento de que la humanidad se haga fuerte y sabia. Ustedes tienen la facultad de lograrlo, y los eventos y las circunstancias de su vida crean una gran necesidad para ello.

> Este no es momento de intentar escapar. No es momento de preocuparse por uno mismo y su propia felicidad. Es un tiempo para contribuir al mundo, fortalecer a la familia humana...

El Reto a la Libertad Humana

La humanidad se acerca a un tiempo muy peligroso y muy importante en su desarrollo colectivo. Ustedes están a punto de emerger a una Comunidad Mayor de vida inteligente. Ustedes van a encontrar otras razas de seres que vienen a su mundo buscando proteger sus propios intereses y descubrir las oportunidades por delante. Ellos no son ángeles o seres angélicos. No son entidades espirituales. Son seres que vienen a su mundo buscando recursos, alianzas y provecho de un mundo emergente. Ellos no son malos. No son sagrados. En esto se parecen mucho a ustedes. Ellos simplemente son movidos por sus necesidades, sus asociaciones, sus creencias y sus metas colectivas.

Este es un gran momento para la humanidad, pero la humanidad no esta preparada. Desde nuestra posición ventajosa podemos ver esto a una escala mayor. Nosotros no nos metemos en la vida diaria de los individuos en el mundo. Tampoco procuramos persuadir a los gobiernos ni reclamamos ciertas partes del mundo o ciertos recursos que aquí existen. En su lugar, nosotros observamos y deseamos dar cuenta de lo que observamos, porque esa es nuestra misión aquí.

...hay muchas personas que sienten una molestia extraña, un vago sentido de urgencia, un sentimiento de que va a suceder algo y debe hacerse algo.

Los Invisibles nos han dicho que en la actualidad hay muchas personas que sienten una molestia extraña, un vago sentido de urgencia, un sentimiento de que va a suceder algo y debe hacerse algo. Quizá no hay nada en su experiencia diaria que justifique estos sentimientos más profundos, que verifique la importancia de estos sentimientos o dé substancia a su expresión. Podemos entender esto porque nosotros mismos hemos pasado por cosas semejantes en nuestras propias historias. Nosotros representamos varias razas unidas en nuestra pequeña alianza para apoyar la emergencia del Conocimiento y la Sabiduría en el universo, particularmente en razas que están en el umbral de emerger a la Comunidad Mayor. Estas razas emergentes son particularmente vulnerables a la influencia y la manipulación extranjeras. Ellas son particularmente propensas a malinterpretar su situación, y con razón, pues ¿cómo podrían comprender el significado y la complejidad de la vida en la Comunidad Mayor? Es por ello que nosotros deseamos jugar nuestra pequeña parte en preparar y educar a la humanidad.

En nuestro primer discurso dimos una descripción amplia de la implicación de los visitantes en cuatro áreas. La primera es la influencia sobre personas importantes en posiciones de poder en los gobiernos y en el liderazgo de las instituciones religiosas. La segunda opera sobre las personas que tienen una inclinación espiritual y desean abrirse a sí mismas a los poderes mayores que existen en el universo. La tercera consiste en la construcción de establecimientos en el mundo en ubicaciones estratégicas, cerca de centros de población sobre los que puedan ejercer su influencia en el Ambiente Mental. Y finalmente, hablamos de su programa de hibridación con la humanidad, un programa que ha estado en funcionamiento durante bastante tiempo.

Entendemos lo difíciles que pueden ser estas noticias y cuán desilusionantes, tal vez, para muchas personas que tuvieron grandes esperanzas y expectativas en que los visitantes de más allá del mundo traerían bendiciones y un gran beneficio a la humanidad. Es natural, quizá, asumir y esperar estas cosas, pero la Comunidad Mayor a la que la humanidad está emergiendo es un ambiente difícil y competitivo, especialmente en áreas del universo donde muchas razas diferentes compiten unas con otras e interactúan por razones comerciales. Su mundo existe en un área así. Esto a ustedes les puede parecer increíble, ya que siempre les ha parecido que vivían aislados, solos en el vasto vacío del espacio. Pero en realidad ustedes viven en una parte habitada del universo donde se ha establecido comercio e intercambio y donde las tradiciones, las interacciones y las asociaciones llevan todas mucho tiempo en funcionamiento. Y para su beneficio, viven en un mundo hermoso —un mundo de gran diversidad biológica, un lugar espléndido en contraste con la desolación de tantos otros mundos.

Sin embargo, esto da también una gran urgencia a su situación y presenta un verdadero riesgo, porque ustedes poseen lo que muchos otros quieren para sí mismos. Ellos no intentan destruirles, sino ganar su lealtad y su alianza para que la existencia de ustedes en el mundo y sus actividades aquí puedan ser para su

Nosotros representamos varias razas unidas en nuestra pequeña alianza para apoyar la emergencia del Conocimiento y la Sabiduría en el universo...

beneficio. Ustedes están emergiendo a un conjunto de circunstancias maduras y complicadas. Aquí no pueden ser como niños pequeños, creyendo y esperando las bendiciones de todos aquellos que puedan encontrar. Ustedes deben hacerse sabios y perspicaces, tal y como nosotros, debido a nuestras historias difíciles, tuvimos que hacernos sabios y perspicaces. La humanidad tendrá que aprender ahora sobre las maneras de operar de la Comunidad Mayor, sobre los intrincados aspectos de la interacción entre razas, sobre las complejidades del comercio y sobre las manipulaciones sutiles de las asociaciones y alianzas que se establecen entre los mundos. Es un tiempo difícil pero importante para la humanidad, un tiempo de gran promesa si puede emprenderse una verdadera preparación.

En este segundo discurso, quisiéramos hablar en más detalle acerca de la intervención en los asuntos humanos de varios grupos de visitantes, lo que esto puede significar para ustedes y lo que requerirá. Nosotros no venimos a incitar temor, sino a provocar un sentido de responsabilidad, a engendrar una consciencia mayor y a alentar la preparación para la vida a la que están entrando, una vida mayor, pero una vida con problemas y desafíos también mayores.

Nosotros hemos sido enviados aquí mediante el poder y la presencia espiritual de Los Invisibles. Quizá ustedes pensarán en ellos de una manera amistosa como ángeles, pero en la Comunidad Mayor su papel es mayor y su participación y sus alianzas son profundas y penetrantes. Su poder

> Ustedes están emergiendo a un conjunto de circunstancias maduras y complicadas. Aquí no pueden ser como niños pequeños, creyendo y esperando las bendiciones de todos aquellos que puedan encontrar.

> Nosotros no venimos a incitar temor, sino a provocar un sentido de responsabilidad...

espiritual esta aquí para bendecir a los seres sintientes en todos los mundos y en todos los lugares, así como para promover el desarrollo del Conocimiento y la Sabiduría más profundos que harán posible el surgimiento pacífico de relaciones, tanto entre mundos como dentro de los mundos. Nosotros estamos aquí de parte de Los Invisibles. Ellos nos han pedido venir. Y ellos nos han dado mucha de la información que tenemos, información que no podríamos recolectar por nosotros mismos. De ellos hemos aprendido mucho acerca de la naturaleza de ustedes. Hemos aprendido mucho acerca de sus habilidades, sus fuerzas, sus debilidades y su gran vulnerabilidad. Nosotros podemos comprender estas cosas, porque nuestros mundos de origen han pasado por este gran umbral que es emerger a la Comunidad Mayor. Nosotros hemos aprendido mucho, y hemos sufrido mucho a causa de nuestros propios errores, errores que esperamos que la humanidad evite.

Por tanto, no venimos solamente con nuestra propia experiencia, sino con una consciencia más profunda y un sentido más profundo de propósito que Los Invisibles nos han dado. Nosotros observamos su mundo desde una ubicación cercana, y escuchamos las comunicaciones de los que están visitando su planeta. Sabemos quiénes son. Sabemos de dónde vienen y por qué están aquí. Nosotros no competimos con ellos, porque no estamos aquí para aprovecharnos del mundo. Nos consideramos los Aliados de la Humanidad, y esperamos que con el tiempo ustedes nos consideren así, pues tales somos. Y aunque no podemos probarlo, esperamos demostrarlo a través de nuestras palabras y por la sabiduría de nuestro consejo. Esperamos

Venimos en nuestra misión con un sentimiento de urgencia, porque la humanidad está muy atrasada en su preparación para la Comunidad Mayor.

prepararles para el camino por delante. Venimos en nuestra misión con un sentimiento de urgencia, porque la humanidad está muy atrasada en su preparación para la Comunidad Mayor. Hace décadas, muchos intentos de hacer contacto con seres humanos y de preparar a seres humanos para su futuro probaron ser infructuosos. Solo unas pocas personas pudieron ser alcanzadas, y según nos han dicho, muchos de estos contactos fueron malinterpretados y fueron utilizados por otros para propósitos diferentes.

Por lo tanto, hemos sido enviados en el lugar de los que vinieron antes para ofrecer ayuda a la humanidad. Nosotros trabajamos juntos en nuestra causa común. No representamos un gran poder militar, sino más bien una alianza secreta y sagrada. Nosotros no queremos ver perpetrándose aquí, en su mundo, la clase de asuntos que existen en la Comunidad Mayor. No queremos ver a la humanidad convirtiéndose en un estado cliente de una red mayor de poderes. No queremos ver a la humanidad perdiendo su libertad y su autodeterminación. Estos son riesgos reales. Por todo ello, les alentamos a considerar nuestras palabras profundamente, sin temor si eso es posible, y con la clase de convicción y determinación que sabemos reside en todos los corazones humanos.

No queremos ver a la humanidad convirtiéndose en un estado cliente de una red mayor de poderes.

Hoy, mañana y el día después de mañana, gran actividad está en marcha y estará en marcha para establecer una red de influencia sobre la raza humana por parte de aquellos que visitan el mundo para sus propios fines. Ellos sienten que vienen aquí para salvar al mundo de la humanidad. Algunos creen que están aquí para salvar a la humanidad de sí misma. Ellos sienten que están en lo correcto y no consideran que sus acciones sean impropias o poco éticas. Según su ética están haciendo lo que consideran razonable e importante. Sin embargo, para todos los seres que valoran la libertad, esta forma de hacer las cosas no puede justificarse.

Nosotros observamos las actividades de los visitantes, las cuales están creciendo. Cada año hay más de ellos aquí. Están viniendo de lejos. Están trayendo provisiones. Están profundizando sus relaciones y su implicación. Están estableciendo estaciones de comunicación en muchos lugares de su sistema solar. Están observando todas sus salidas iniciales al espacio, y pararán y destruirán cualquier cosa que ellos sientan que interfiere con sus actividades. Están intentando establecer su dominio no solo en su mundo, sino también en sus alrededores. Esto se debe a que hay fuerzas compitiendo aquí. Cada una representa la alianza de varias razas.

Ahora permítannos atender a la última de las cuatro áreas que hemos mencionado en nuestro primer discurso. Se trata del programa de hibridación con la especie humana. Permítannos darles primero un poco de historia. Hace muchos miles años, en su tiempo, varias razas vinieron a cruzarse con la humanidad para darle una mayor inteligencia y adaptabilidad. Esto resultó en la rápida emergencia de lo que entendemos que se conoce como el "Hombre Moderno". Esto les ha dado dominio y poder en su mundo. Esto ocurrió hace mucho tiempo.

> Están observando todas sus salidas iniciales al espacio, y pararán y destruirán cualquier cosa que ellos sientan que interfiere con sus actividades.

Sin embargo, el programa de hibridación que está ocurriendo ahora no es igual en absoluto. Este está siendo emprendido por un grupo diferente de seres y alianzas. Por medio de la hibridación, ellos intentan establecer un ser humano que será parte de su asociación, pero que podrá sobrevivir en su mundo y tener una afinidad natural con el mundo. Sus visitantes no pueden vivir en la superficie de su mundo. Tienen que buscar abrigo subterráneo, lo cual están haciendo, o tienen que vivir en sus propias naves, que frecuentemente esconden en grandes cuerpos de agua. Ellos quieren cruzarse con la humanidad para proteger sus intereses aquí, que son primariamente los recursos del mundo. Quieren tener la lealtad de la humanidad asegurada, y por tanto durante varias generaciones se han implicado en un programa de hibridación que en los últimos veinte años ha llegado a ser bastante extenso.

El propósito de los visitantes es doble. Primero, como hemos dicho, los visitantes quieren crear un ser casi humano que podrá vivir en su mundo, pero que estará unido a ellos y tendrá habilidades y sensibilidades mayores. El segundo propósito de este programa es influenciar a todos aquellos a los que encuentren y animarles a que asistan a los visitantes en sus actividades. Los visitantes quieren y necesitan la asistencia humana. La asistencia humana avanza su programa en todos los aspectos. Les consideran a ustedes valiosos. Sin embargo, no les consideran como iguales. Útiles, así es como les perciben. Por tanto, en todos los individuos que encuentren y en todos los individuos que tomen los visitantes intentarán generar este sentimiento de su superioridad, de su valor y del valor y la importancia de sus esfuerzos en el mundo. Dirán a todas las personas que contacten que ellos están aquí para el bien, y afirmarán a todos los que han capturado que no deben temer. Y con personas que parecen ser particularmente receptivas ellos intentarán establecer alianzas —un sentido de propósito compartido, incluso un sentido compartido de identidad y familia, de herencia y destino.

En su programa, los visitantes han estudiado la fisiología y la psicología humanas muy extensamente y van a aprovecharse de lo que la gente quiere, particularmente de aquellas cosas que la gente quiere pero no ha podido conseguir por sí misma, como por ejemplo la paz y el orden, la belleza y la tranquilidad. Se ofrecerán estas cosas y algunas personas creerán. Otras personas simplemente serán usadas como sea necesario.

Aquí es necesario entender que los visitantes creen que esto es completamente apropiado para preservar el mundo. Sienten que están haciendo un gran servicio a la humanidad, y por tanto tienen completo convencimiento en sus persuasiones. Lamentablemente, esto demuestra una gran verdad de la Comunidad Mayor: que la Sabiduría y el Conocimiento verdaderos son tan raros en el universo como deben parecerlo en su mundo. Es natural que ustedes esperen que otras razas hayan superado el enrevesamiento, los objetivos egoístas, la competencia y el conflicto. Pero desafortunadamente este no es el caso. Una mayor tecnología no eleva la fuerza mental y espiritual de los individuos.

Hoy día hay muchas personas que repetidamente están siendo tomadas contra su voluntad. Debido a que la humanidad es muy supersticiosa e intenta negar las cosas que no puede comprender, esta actividad lamentable se está llevando a cabo con bastante éxito. Incluso ahora mismo, hay individuos híbridos, parte humanos, parte extraterrestres, caminando en su mundo. No hay muchos de ellos, pero habrá más en el futuro. Tal vez ustedes encontrarán

> Es natural que ustedes esperen que otras razas hayan superado el enrevesamiento, los objetivos egoístas, la competencia y el conflicto. Pero desafortunadamente este no es el caso. Una mayor tecnología no eleva la fuerza mental y espiritual de los individuos.

uno algún día. Parecerán ser lo mismo que ustedes, pero serán diferentes. Ustedes pensarán que son seres humanos, pero algo esencial parecerá estar ausente en ellos, algo que es valorado en su mundo. Es posible discernir e identificar a estos individuos, pero para poder hacerlo ustedes tendrían que hacerse hábiles en el Ambiente Mental y aprender lo que significan el Conocimiento y la Sabiduría en la Comunidad Mayor.

Nosotros sentimos que es de la máxima importancia aprender estas cosas, porque vemos todo lo que está pasando en su mundo desde nuestro punto de observación, y Los Invisibles nos orientan acerca de las cosas que no podemos ver. Nosotros comprendemos estos eventos porque han ocurrido innumerables veces en la Comunidad Mayor, a medida que se ejerce influencia y persuasión sobre razas que son o demasiado débiles o demasiado vulnerables para responder efectivamente.

Esperamos que nadie que pudiera oír este mensaje piense que estas intrusiones en la vida humana son beneficiosas. La gente que está siendo afectada será llevada a pensar que estos encuentros son beneficiosos tanto para ellos como para el mundo. Las aspiraciones espirituales de la gente, sus deseos de paz, armonía, familia e inclusión, serán todos identificados por los visitantes. Estas cosas que representan algo tan especial de la familia humana son, sin Sabiduría y preparación, un signo de su gran vulnerabilidad. Solo aquellos individuos que son fuertes en Conocimiento y Sabiduría pueden ver el engaño tras estas persuasiones. Solo ellos están en posición de ver el engaño que está perpetrándose sobre la familia humana. Solo ellos pueden proteger sus mentes de la influencia que se está ejerciendo en el Ambiente Mental en tantos lugares del mundo. Solamente ellos verán y sabrán.

Nuestras palabras no bastan. Los hombres y mujeres deben aprender a ver y saber. Nosotros solamente podemos alentarlo. Nuestra llegada a su mundo ha ocurrido coincidiendo con la presentación de la enseñanza sobre la Espiritualidad de la Comunidad Mayor, porque la preparación está aquí ahora, y por eso nosotros podemos ser una fuente de ánimo. Si la preparación no estuviera aquí, sabríamos que nuestras admoniciones y nuestro ánimo no tendrían pertinencia y no tendrían éxito. El Creador y Los Invisibles desean preparar a la humanidad para la Comunidad Mayor. De hecho, esta es la necesidad más importante de la humanidad en este momento.

Por tanto, les alentamos a no creer que la toma de seres humanos y sus niños y sus familias tenga algún beneficio para la humanidad. Tenemos que enfatizar esto. Su libertad es preciosa. Su libertad individual y su libertad como raza son preciosas. A nosotros nos ha tomado mucho tiempo recobrar nuestra libertad. No deseamos verles perdiendo la suya.

El programa de hibridación que está ocurriendo en el mundo continuará. Solo puede ser detenido si la gente adquiere mayor consciencia y un sentido interno de autoridad. Solamente esto pondrá punto y final a estas intrusiones. Solamente esto revelará el engaño tras las intrusiones. Es difícil para nosotros imaginar cuán terribles deben ser estas cosas para su gente, para esos hombres, mujeres y niños que están experimentando este tratamiento, esta reeducación, esta pacificación. De acuerdo a nuestros valores esto parece aborrecible, y aun así sabemos que estas cosas ocurren en la Comunidad Mayor y han ocurrido desde antes de que se tenga

> ...les alentamos a no creer que la toma de seres humanos y sus niños y sus familias tenga algún beneficio para la humanidad. Tenemos que enfatizar esto.

memoria.

Quizás nuestras palabras generarán cada vez más preguntas. Esto es saludable y natural, pero nosotros no podemos contestarlas todas. Ustedes deben encontrar la manera de obtener las respuestas por sí mismos. Pero no pueden hacerlo sin una preparación y una orientación. En este momento, comprendemos que la humanidad en general no puede diferenciar entre una demostración de la Comunidad Mayor y una manifestación espiritual. Esta es una situación sinceramente difícil, porque sus visitantes pueden proyectar imágenes, pueden hablar a la gente a través del Ambiente Mental y sus voces pueden ser recibidas y expresadas mediante la gente. Ellos pueden ejercer este tipo de influencia porque la humanidad todavía no tiene esta clase de habilidad o discernimiento.

> La humanidad no está unida. Está quebrada. Está en lucha contra sí misma. Esto les hace extremadamente vulnerables a la interferencia y la manipulación externas.

La humanidad no está unida. Está quebrada. Está en lucha contra sí misma. Esto les hace extremadamente vulnerables a la interferencia y la manipulación externas. Sus visitantes comprenden que sus deseos e inclinaciones espirituales les hacen ser particularmente vulnerables y unos sujetos muy buenos para su uso. ¡Qué difícil es conseguir una verdadera objetividad sobre estas cosas! Incluso en nuestros lugares de origen esto ha sido un gran reto. Pero aquellos que desean permanecer libres y ejercitar la autodeterminación en la Comunidad Mayor necesitan desarrollar estas habilidades y deben preservar sus recursos para evitar tener que buscar los de otros. Si su mundo pierde su autosuficiencia perderá mucha de su libertad. Si tienen que ir más allá de su mundo para buscar los recursos que necesitan para vivir, entonces cederán a otros gran parte de su poder. Debido a que los recursos de su mundo están disminuyendo rápidamente, esto es una preocupación grave para aquellos de nosotros que observamos desde lejos. También es una preocupación para sus visitantes, porque ellos desean evitar la destrucción de su medio ambiente, no por el bien de ustedes sino por el suyo.

El programa de hibridación solamente tiene un propósito, y es permitir que los visitantes establezcan una presencia y una influencia dominantes en el mundo. No piensen que los visitantes necesitan algo de ustedes que ellos carecen, aparte de sus recursos. No piensen que necesitan su humanidad. Ellos solo quieren su humanidad para asegurarse su posición en el mundo. No sean adulados. No sean indulgentes con estas ideas. Son injustificadas. Si pueden aprender a ver la situación con claridad, tal y como realmente es, entonces verán y sabrán estas cosas por sí mismos. Comprenderán por qué estamos aquí y por qué la humanidad necesita aliados en una Comunidad Mayor de vida inteligente. Y verán la importancia de aprender un Conocimiento y una Sabiduría mayores, así como la importancia de aprender la Espiritualidad de la Comunidad Mayor.

Debido a que están emergiendo a un ambiente donde estas cosas son vitales para el éxito, la libertad, la felicidad y la fortaleza, ustedes necesitarán mayor Conocimiento y Sabiduría para establecerse como una raza independiente en la Comunidad Mayor. Sin embargo, su independencia está perdiéndose con cada día que pasa. Quizá no puedan ver la pérdida de su libertad, aunque tal vez pueden sentirla de alguna manera. ¿Cómo podrían verla? Ustedes no pueden ir más allá de su mundo para contemplar los eventos a su alrededor. No tienen acceso a las relaciones políticas y comerciales de las fuerzas extraterrestres operando actualmente en el mundo, para poder comprender su complejidad, sus éticas o sus valores.

Nunca piensen que una raza del universo que viaja por razones comerciales es espiritualmente avanzada. Aquellos que buscan comercio buscan ventaja. Aquellos que viajan de mundo en mundo, aquellos que son exploradores de recursos o aquellos que buscan plantar sus banderas no son los que ustedes considerarían espiritualmente avanzados. Nosotros no consideramos que sean espiritualmente avanzados. Existe el poder mundano y existe el poder espiritual. Ustedes pueden comprender la diferencia entre ambos y ahora es necesario ver esta diferencia dentro de un ambiente mayor.

Venimos, pues, con un sentido de compromiso y un fuerte aliento para que ustedes mantengan su libertad, se hagan fuertes y discernientes y no cedan a las persuasiones o a las promesas de paz, poder e inclusión de aquellos que ustedes no conocen. Y no se permitan a sí mismos ser confortados siendo llevados a pensar que todo saldrá bien para la humanidad, o aun para ustedes mismos personalmente, porque esto no es Sabiduría. Porque el Sabio en cualquier lugar debe aprender a ver la realidad de la vida a su alrededor y debe aprender a negociar esta vida de una manera beneficiosa.

Por tanto, reciban nuestro aliento. Nosotros hablaremos más sobre estas cosas e ilustraremos la importancia de ganar discernimiento y discreción. Y hablaremos más sobre la implicación de sus visitantes en el mundo en áreas que es muy importante que ustedes comprendan. Esperamos que ustedes puedan recibir nuestras palabras.

Una Gran Advertencia

Hemos estado ansiosos de hablar más con ustedes sobre los sucesos de su mundo para ayudarles a ver, si es posible, lo que nosotros vemos desde nuestro punto de observación. Comprendemos que esto es difícil de recibir y que causará bastante ansiedad y preocupación, pero deben ser informados.

La situación es muy grave desde nuestra perspectiva y pensamos que sería una desventura tremenda si la gente no fuera informada correctamente. Hay tanto engaño en el mundo en el que viven y en tantos otros mundos también que la verdad, aunque sea evidente y obvia, no es reconocida y sus signos y mensajes pasan inadvertidos. Esperamos por tanto que nuestra presencia pueda ayudar a clarificar el panorama y les ayude a ustedes y a otros a ver lo que verdaderamente está ahí. Nosotros no tenemos estas limitaciones en nuestra percepción, porque fuimos enviados a ser testigos de las cosas mismas que estamos describiendo.

Con tiempo, ustedes quizá serían capaces de saber estas cosas por su cuenta, pero no tienen este tipo de tiempo. El tiempo ahora es corto. La preparación de la Humanidad para la aparición de fuerzas de la Comunidad

Mayor está demasiado atrasada. Muchas personas importantes no han respondido. Y la intrusión en el mundo se ha acelerado de una manera mucho más rápida de lo que originalmente se había creído que era posible.

Venimos con poco tiempo disponible, y aun así venimos animándoles a que compartan esta información. Como hemos indicado en nuestros mensajes previos, el mundo está siendo infiltrado y el Ambiente Mental está siendo condicionado y preparado. La intención no es erradicar a los seres humanos sino emplearles, convertirles en trabajadores para un "colectivo" mayor. Las instituciones del mundo y ciertamente el ambiente natural son valorados, y los visitantes prefieren que sean preservados para su uso. Ellos no pueden vivir aquí y por tanto, para ganar su lealtad, están usando muchas de las técnicas que hemos descrito. Continuaremos con nuestra descripción para clarificar estas cosas.

Nuestra llegada aquí ha sido frustrada por varios factores, no siendo el menor de todos la falta de preparación de aquellas personas que debemos contactar directamente. Nuestro orador, el autor de este libro, es la única persona con la que hemos podido establecer un contacto firme, por tanto debemos dar a nuestro orador la información fundamental.

Desde la perspectiva de sus visitantes, según hemos aprendido, Estados Unidos se considera el líder del mundo y por tanto la mayor parte del énfasis será puesto en esa nación. Pero también serán contactadas otras grandes naciones, porque se reconoce que tienen poder y ellos comprenden el poder, ya que obedecen sus dictados sin cuestionamiento y a un grado mucho mayor de lo que aún es evidente en su mundo.

Se harán intentos de persuadir a los líderes de las naciones más fuertes del mundo para hacerles receptivos a la presencia de los visitantes y a los regalos e inducciones de cooperación, con la promesa del beneficio mutuo e incluso del dominio mundial para algunos. Habrá aquellos en los corredores del poder del mundo que responderán a estas inducciones, porque pensarán que hay en esto una gran oportunidad para llevar a la humanidad más allá del espectro de la guerra nuclear hacia una comunidad nueva sobre la Tierra, una comunidad que ellos dirigirán para sus propios fines. Sin embargo estos líderes son engañados, porque no se les darán las llaves de este reino. No serán nada más que los árbitros en la transición del poder.

Ustedes deben comprender esto. No es tan complejo. Desde nuestra perspectiva y nuestro punto de observación es obvio. Nosotros lo hemos visto ocurrir en otras partes. Es uno de los métodos que las organizaciones de razas establecidas que tienen sus propios colectivos usan para reclutar mundos emergentes como el suyo. Ellos creen firmemente que sus planes son virtuosos y que son para el mejoramiento de su mundo, puesto que a la humanidad no se la tiene en alta estima, y aunque ustedes son virtuosos en ciertos aspectos, desde su perspectiva sus desventajas sobrepasan con mucho su potencial. Nosotros no mantenemos esta opinión, ya que de lo contrario no estaríamos en la posición en la que estamos y no les estaríamos ofreciendo nuestros servicios como Los Aliados de la Humanidad.

Por tanto, existe ahora una gran dificultad en el discernimiento, un gran reto. El reto para la humanidad es entender quiénes *realmente* son sus aliados y poder distinguirlos de sus adversarios potenciales. No hay partidos neutrales en este asunto. El mundo es demasiado valioso, sus recursos son reconocidos como únicos y de valor considerable. No hay ningún partido neutral que esté envuelto en los asuntos humanos. La verdadera intención de la Intervención extraterrestre es ejercer influencia y control y eventualmente establecer aquí su dominio.

Nosotros no somos los visitantes. Somos observadores. No demandamos derechos respecto a su mundo y no tenemos un plan para establecernos aquí. Por eso escondemos nuestros nombres, porque no buscamos relaciones con ustedes más allá de nuestra habilidad de proveer consejo de esta forma. Nosotros no podemos controlar el resultado. Solamente podemos aconsejarles sobre las opciones y las decisiones que su gente debe tomar a la luz de estos sucesos mayores.

La humanidad tiene una gran promesa y ha cultivado una rica herencia espiritual, pero no está educada acerca de la Comunidad Mayor a la que está emergiendo. La humanidad está dividida y en lucha consigo misma, quedando vulnerable a la manipulación y a la intrusión desde más allá de sus fronteras. Su gente está preocupada con los asuntos del día, pero no se reconoce la realidad del mañana. ¿Qué provecho podrían tener ignorando el movimiento mayor del mundo y asumiendo que la Intervención que hoy ocurre es para su beneficio? Seguramente ninguno de ustedes podría decir esto si pudieran ver la realidad de la situación.

En cierto modo se trata de un asunto de perspectiva. Nosotros podemos ver pero ustedes no pueden, porque carecen de una posición ventajosa. Tendrían que estar más allá de su mundo, fuera de la esfera de influencia de su mundo, para ver lo que nosotros estamos viendo. No obstante, para ver lo que vemos debemos estar ocultos, porque si nos descubrieran de seguro pereceríamos. Porque sus visitantes consideran que su misión aquí es sumamente valiosa, y consideran que la Tierra es su expectativa más grande entre varias otras. Ellos no pararán por nuestra causa. Por tanto, es su propia libertad lo que ustedes deben valorar y defender.

Nosotros no podemos hacerlo por ustedes.

Cada mundo que busca establecer su propia unidad, libertad y autodeterminación en la Comunidad Mayor debe establecer esta libertad y defenderla si es necesario. De lo contrario habrá sin duda dominación y esta será completa.

¿Por qué sus visitantes desean su mundo? Es tan obvio. No son ustedes lo que les interesa particularmente. Son los recursos biológicos de su mundo. Es la posición estratégica de este sistema solar. Ustedes son útiles para ellos solo en la medida en que estas cosas son valoradas y pueden ser utilizadas. Ellos les ofrecerán lo que ustedes desean y dirán lo que ustedes quieren oír. Ellos ofrecerán inducciones y usarán las religiones y los ideales religiosos de ustedes para crear confianza y fe en que ellos, los visitantes, comprenden mejor las necesidades de su mundo y serán más capaces de servir a estas necesidades, de modo que pueda crearse aquí una mayor ecuanimidad. Puesto que la humanidad parece incapaz de establecer unidad y orden, muchas personas abrirán sus mentes y sus corazones a aquellos que ellas creen tendrán más posibilidades de lograrlo.

En el segundo discurso, nosotros mencionamos brevemente el programa de hibridación. Algunos han oído algo sobre este fenómeno y comprendemos que ha habido cierta discusión sobre el tema. Los Invisibles nos han dicho que hay una consciencia creciente de que tal programa existe, pero increíblemente la gente no puede ver las implicaciones obvias, debido a que está tan entregada a sus preferencias en el asunto y es tan incapaz de tratar con lo que una Intervención así puede significar. Claramente, un programa de hibridación es un intento de fusionar la adaptación de la humanidad al mundo físico con la mente grupal y la consciencia colectiva de los visitantes. Tales descendientes estarían en una posición perfecta para proveer el nuevo liderazgo para la humanidad, un liderazgo que nace de las intenciones de los visitantes y la campaña de los visitantes. Estos individuos tendrían relaciones de sangre en el mundo, y por tanto otras personas estarían conectadas a ellos y aceptarían su presencia. Sin embargo, sus mentes no estarían con ustedes, ni sus corazones. Y aunque pudieran sentir simpatía por ustedes debido a lo que su condición puede llegar a ser, ellos carecerían de la autoridad individual para ayudarles o para resistir la consciencia colectiva que los ha criado aquí y les ha dado la vida, al no estar ellos mismos entrenados en El Camino del Conocimiento y la Perspicacia.

El reto para la humanidad es entender quiénes *realmente* son sus aliados y poder distinguirlos de sus adversarios potenciales. No hay partidos neutrales en este asunto.

Como pueden ver, los visitantes no valoran la libertad individual. La consideran imprudente e irresponsable. Solamente entienden su propia consciencia colectiva, que ven como privilegiada y bendita. Pero no pueden lograr una espiritualidad verdadera, que es llamada Conocimiento en el universo, porque el Conocimiento nace del autodescubrimiento del individuo y toma cuerpo mediante las relaciones de alto calibre. Ninguno de estos fenómenos está presente en la composición social de los visitantes. Ellos no pueden pensar por sí mismos. Su voluntad no es solamente suya. Y por eso, como es natural, no pueden respetar las expectativas de desarrollar estos dos grandes fenómenos en su mundo, y por supuesto no están en una posición desde la que puedan fomentar tales cosas. Ellos solamente buscan conformidad y lealtad. Y las enseñanzas espirituales que fomentarán en el mundo servirán solo para que los seres humanos se vuelvan sumisos, abiertos y libres de sospecha, de modo que ellos puedan cosechar una confianza que nunca han ganado.

Nosotros hemos visto estas cosas antes en otros lugares. Hemos visto mundos enteros cayendo bajo el control de colectivos como estos. Hay muchos colectivos de esta clase en el universo. Debido a que tratan con el comercio interplanetario y se extienden a lo largo de vastas regiones, ellos se adhieren a una conformidad estricta, sin desviación. No hay individualidad entre ellos, al menos ninguna que ustedes pudieran reconocer.

> La humanidad tiene una gran promesa y ha cultivado una rica herencia espiritual, pero no está educada acerca de la Comunidad Mayor a la que está emergiendo.

No estamos seguros de que podamos dar un ejemplo de su propio mundo acerca de cómo puede ser esto, pero se nos ha dicho que hay intereses comerciales que se extienden a través de las culturas de su mundo y ejercen un poder tremendo, siendo gobernados por unos pocos solamente. Tal vez esta es una buena analogía para lo que estamos describiendo. Sin embargo, lo que estamos describiendo es sumamente más poderoso, penetrante y bien establecido que cualquier cosa que ustedes puedan ofrecer en el mundo como ejemplo.

Es cierto para la vida inteligente en todas partes que el miedo puede ser una fuerza destructiva. Pero el miedo sirve un propósito y solamente uno si se percibe correctamente, y es informarles de la presencia del peligro. Nosotros estamos preocupados y esta es la naturaleza de nuestro miedo. Entendemos lo que está en riesgo. Esta es la naturaleza de nuestra preocupación. Su miedo nace porque ustedes no saben lo que está ocurriendo y por tanto es un miedo destructivo. Es un miedo que no puede darles poder ni la percepción que necesitan para comprender lo que está sucediendo en su mundo. Si ustedes pueden informarse, entonces el miedo se transforma en preocupación y la preocupación se transforma en acción constructiva. No sabemos de ninguna otra forma de describirlo.

El programa de hibridación está alcanzando un gran éxito. Ya existen aquellos caminando en su mundo que han nacido de la consciencia y la misión colectiva de los visitantes. Ellos no pueden residir aquí durante largos periodos de tiempo, pero dentro de solo unos pocos años podrán morar en la superficie de su mundo permanentemente. La perfección de su ingeniería genética será tal que parecerán ser solo ligeramente diferentes de ustedes, más en sus maneras y en su presencia que en su apariencia física, a tal grado que probablemente no serán notados ni reconocidos. Pero tendrán mayores facultades mentales. Y esto les dará una ventaja que ustedes no podrán igualar, a menos que estuvieran entrenados en Las Vías de la Perspicacia.

...el miedo sirve un propósito y solamente uno si se percibe correctamente, y es informarles de la presencia del peligro.

Así es la realidad mayor a la que la humanidad está emergiendo —un universo lleno de maravillas y horrores, un universo de influencias, un universo de competencia, pero también un universo lleno de Gracia, tal y como sucede en general en su propio mundo, pero a una escala infinitamente mayor—. El Cielo que ustedes buscan no está aquí. Sin embargo, las fuerzas que tienen que enfrentar sí lo están. Este es el mayor umbral que su raza encontrará nunca. Cada uno de nosotros en nuestro grupo ha afrontado esto en nuestros respectivos mundos y ha habido mucho fracaso, con solo unos pocos éxitos. Las razas de seres que pueden mantener su libertad y su aislamiento deben hacerse fuertes y estar unidas, y probablemente se retirarán de las interacciones de la Comunidad Mayor en un grado muy alto para proteger esa libertad.

Si ustedes piensan en estas cosas tal vez verán corolarios en su propio mundo. Los Invisibles nos han dicho muchas cosas acerca de su desarrollo espiritual y su gran promesa, pero también nos han orientado sobre el hecho de que sus predisposiciones e ideales espirituales están siendo enormemente manipulados en la actualidad. Se están introduciendo en el mundo enseñanzas enteras que enseñan aquiescencia humana y la suspensión de las habilidades críticas, valorando solamente lo que es agradable y confortable. Estas enseñanzas se entregan para minar la capacidad de los individuos de ponerse en contacto con el Conocimiento dentro de sí mismos, hasta que llega un punto en que se sienten completamente dependientes de fuerzas mayores que no pueden identificar. En este punto seguirán cualquier cosa que se les diga, y aun si sienten que algo está mal ellos ya no tendrán el poder de resistir.

La humanidad ha vivido en aislamiento durante mucho tiempo. Quizás entre ustedes se cree que este tipo de intervención jamás podría pasar y que cada persona tiene derechos propietarios sobre su propia consciencia y su mente. Pero esto son solo suposiciones. No obstante, se nos ha dicho que los Sabios en su mundo han aprendido a vencer estas suposiciones y han ganado la fuerza para establecer su propio Ambiente Mental.

Tememos que nuestras palabras puedan llegar demasiado tarde y tengan muy poco impacto, y que aquél que nosotros escogimos para recibirnos tenga muy poca asistencia y apoyo para lograr que esta información esté disponible. Él encontrará incredulidad y burla, ya que no será creído y lo que dirá estará en contradicción

...las enseñanzas espirituales que fomentarán en el mundo servirán solo para que los seres humanos se vuelvan sumisos, abiertos y libres de sospecha, de modo que ellos puedan cosechar una confianza que nunca han ganado.

con lo que muchos asumen que es la verdad. Se le opondrán muy especialmente aquellos que han caído bajo la persuasión extraterrestre, porque estos individuos no tienen opción en el asunto.

En esta grave situación, el Creador de toda vida ha mandado una preparación, una enseñanza de habilidad, discernimiento, poder y logro espirituales. Nosotros somos estudiantes de este tipo de enseñanza, así como muchos otros por todo el universo. Esta enseñanza es una forma de intervención Divina. Ella no pertenece solamente a un mundo. No es propiedad solamente de una raza. No se centra en algún héroe o heroína o en algún otro individuo único. Este tipo preparación está ahora disponible. Va a necesitarse. Desde nuestra perspectiva, esta preparación es ahora lo único que puede dar a la humanidad una oportunidad de llegar a ser sabia y perspicaz en su nueva vida en la Comunidad Mayor.

Como ha sucedido en la historia de su propio mundo, los primeros en alcanzar las nuevas tierras son los exploradores y los conquistadores. Ellos no llegan por razones altruistas. Vienen buscando poder, recursos y dominio. Esta es la naturaleza de la vida. Si la humanidad estuviera bien versada en los asuntos de la Comunidad Mayor, resistiría *cualquier* visitación a su mundo, a menos que se hubiera establecido antes un acuerdo mutuo. Ustedes sabrían lo suficiente para no dejar a su mundo tan vulnerable.

En este momento hay más de un colectivo compitiendo por aprovecharse de este planeta. Esto pone a la humanidad en medio de una serie de circunstancias muy inusuales, pero aun así iluminadoras. Esta es la razón por la que los mensajes de los visitantes muchas veces parecerán inconsistentes. Ha habido conflicto entre ellos, pero aun así negociarán el uno con el otro si se reconoce un beneficio mutuo. En cualquier caso siguen estando en competición. Para ellos esta es la frontera. Desde su perspectiva solo les valoran como seres útiles. Si ya no les reconocieran como seres útiles ustedes simplemente serían descartados.

Aquí hay un gran reto para la gente de su mundo, y en particular para aquellos que están en posiciones de poder y responsabilidad: el reto de reconocer la diferencia entre una presencia espiritual y una visitación de la Comunidad Mayor. ¿Pero cómo pueden tener el marco necesario para hacer esta distinción? ¿Dónde pueden aprender estas cosas? ¿Quién en su mundo está en posición de enseñarles sobre la realidad de la Comunidad Mayor? Solamente una enseñanza de más allá del mundo puede prepararles para la vida de más allá del mundo, y la vida de más allá del mundo está ahora *en* su mundo, buscando establecerse aquí, buscando extender su influencia, buscando ganar las mentes, los corazones y las almas de la gente en todas partes. Es tan simple. Pero aun así tan devastador.

Por tanto, nuestra tarea en estos mensajes es traer una gran advertencia, pero la advertencia sola no es suficiente. Tiene que haber un reconocimiento entre su gente. Al menos entre suficiente gente tiene que haber una comprensión de la realidad que están ahora afrontando. Este es el mayor evento de la historia humana —la mayor amenaza a la libertad humana y la mayor oportunidad para su unidad y su cooperación—. Nosotros reconocemos estas grandes ventajas y posibilidades, pero cada día que pasa su promesa se apaga —a medida que más y más personas son capturadas y su consciencia es recultivada y reconstruida, a medida que más y más personas aprenden las enseñanzas espirituales que están siendo promovidas por los visitantes, y a medida que más y más personas se vuelven más dóciles y menos capaces de discernir.

Hemos venido a petición de Los Invisibles para servir en esta capacidad de observadores. Si tenemos éxito permaneceremos en la proximidad de su mundo solo el tiempo suficiente para continuar proporcionándoles esta información. Después volveremos a nuestros propios hogares. Si fracasamos, la marea se vuelve en contra de la humanidad y la gran oscuridad desciende sobre el mundo —la oscuridad de la dominación—, entonces tendremos que partir con nuestra misión incumplida. En cualquier caso nosotros no podemos quedarnos con ustedes, aunque si muestran promesa nos quedaremos hasta que estén a salvo, hasta que puedan proveerse a sí mismos. Incluido en esto está el requisito de que ustedes sean autosuficientes. Si se hacen dependientes del comercio con otras razas habrá un riesgo muy alto de manipulación desde afuera, porque la humanidad no es todavía suficientemente fuerte para resistir el poder en el Ambiente Mental que puede ejercerse aquí y está ejerciéndose aquí ahora.

Los visitantes intentarán crear la impresión de que son "los aliados de la humanidad". Dirán que están aquí para salvar a la humanidad de sí misma, que solo *ellos* pueden ofrecer la gran esperanza que la humanidad no puede darse a sí misma, que solo *ellos* pueden establecer un orden y una armonía genuinos en el mundo. Pero el orden y la armonía a los que se refieren serán suyos. Y la libertad que prometen no serán ustedes quienes la disfrutarán.

Si la humanidad estuviera bien versada en los asuntos de la Comunidad Mayor, resistiría *cualquier* visitación a su mundo, a menos que se hubiera establecido antes un acuerdo mutuo. Ustedes sabrían lo suficiente para no dejar a su mundo tan vulnerable.

La Manipulación de las Tradiciones y Creencias Religiosas

Para comprender las actividades de los visitantes en el mundo actual debemos presentar más información respecto a su influencia sobre las instituciones y los valores religiosos del mundo y sobre los impulsos espirituales fundamentales que son comunes a la naturaleza humana y que en muchos aspectos son comunes a la vida inteligente en muchos lugares de la Comunidad Mayor.

Deberíamos comenzar diciendo que las actividades que los visitantes están llevando a cabo ahora en el mundo se han hecho muchas veces antes en muchos lugares diferentes y con muchas culturas diferentes de la Comunidad Mayor. Sus visitantes no son los originadores de estas actividades, sino que meramente las usan a su propia discreción y las han usado muchas veces antes.

Es importante comprender que en la Comunidad Mayor la habilidad de influenciar y manipular ha sido desarrollada en un grado muy alto de funcionalidad. Cuando las razas se hacen más adeptas y más capaces tecnológicamente, ejercen entre sí ciertas clases de influencia más sutiles y penetrantes. Los seres humanos solo han evolucionado hasta ahora para competir entre sí, por eso todavía no tienen esta ventaja adaptiva. Esto en sí mismo es una de las razones por las que nosotros estamos presentándoles este material. Ustedes están adentrándose en una serie de circunstancias enteramente nuevas, que requieren el cultivo de sus habilidades inherentes, así como aprender habilidades nuevas.

Aunque la humanidad representa una situación única, la emergencia a la Comunidad Mayor ha ocurrido incontables veces antes para otras razas. Por tanto, lo que está siendo perpetrado ahora sobre ustedes ha sido hecho antes. Ha sido altamente desarrollado y ahora está siendo adaptado a su vida y a su situación con lo que a nosotros nos parece que es una relativa facilidad.

El Programa de Pacificación que los visitantes están implementando está haciendo esto posible, en parte. El deseo de relaciones pacíficas y el deseo de evitar la guerra y el conflicto son admirables, pero estos deseos pueden ser usados y de hecho *están* siendo usados contra ustedes. Aun sus impulsos más nobles pueden ser usados para otros propósitos. Ustedes lo han visto en su propia historia, en su propia naturaleza y en sus propias sociedades. La paz solo puede ser establecida sobre una fundación firme de sabiduría, cooperación y habilidad verdaderas.

> No valoran la diversidad entre culturas; desde luego no la valoran en sus propias culturas. Por eso, ellos intentarán erradicarla o reducirla al mínimo si es posible, dondequiera que estén ejerciendo su influencia.

Como es natural, la humanidad ha estado preocupada con el establecimiento de relaciones pacíficas entre sus tribus y naciones. Sin embargo ahora tiene una serie de problemas y retos mayores. Nosotros los vemos como oportunidades para su desarrollo, porque solo el reto de emerger a la Comunidad Mayor podrá unir al mundo y darles una fundación para que esta unidad sea genuina, fuerte y eficaz.

Por tanto, nosotros no venimos a criticar sus instituciones

religiosas ni sus impulsos y valores más fundamentales, sino a ilustrar cómo las razas extraterrestres que están interviniendo en su mundo están usándolos contra ustedes. Y si está en nuestro poder, deseamos alentar el empleo correcto de sus habilidades y sus logros en pos de la preservación de su mundo, su libertad y su integridad como raza dentro del contexto de la Comunidad Mayor.

Los visitantes son fundamentalmente prácticos en su enfoque. Esto es a la vez una fuerza y una debilidad. Habiéndoles observado tanto aquí como en otras partes, nosotros vemos que es difícil para ellos desviarse de sus planes. No están bien adaptados al cambio, ni pueden tratar con la complejidad de una manera muy efectiva. Por lo tanto, llevan a cabo su plan de una manera casi descuidada, ya que sienten que sus acciones son correctas y tienen la ventaja. Ellos no creen que la humanidad vaya a montar resistencia en su contra —al menos no una resistencia que les afecte significativamente—. Y sienten que sus secretos y sus planes están bien preservados y más allá de la comprensión humana.

Bajo esta luz, el hecho de que estemos presentándoles esta información nos hace ser sus enemigos, desde luego desde su punto de vista. Desde el nuestro, sin embargo, nosotros simplemente intentamos contrarrestar su influencia y darles la comprensión que ustedes necesitan, así como la perspectiva en la que deben apoyarse para preservar su libertad como raza y lidiar con las realidades de la Comunidad Mayor.

Debido a la naturaleza práctica de su enfoque, los visitantes desean realizar sus objetivos con la mayor eficacia posible. Desean unir a la humanidad, pero solamente en acuerdo con su propia participación y sus actividades en el mundo. Para ellos la unidad humana es una preocupación práctica. No valoran la diversidad entre culturas; desde luego no la valoran en sus propias culturas.

Por eso, ellos intentarán erradicarla o reducirla al mínimo si es posible, dondequiera que estén ejerciendo su influencia.

En nuestro discurso previo, nosotros hablamos acerca de la influencia de los visitantes sobre las nuevas formas de espiritualidad —sobre las nuevas ideas y las nuevas expresiones de divinidad y naturaleza humanas que están ahora en su mundo—. En nuestra discusión quisiéramos ahora enfocarnos en los valores e instituciones tradicionales que sus visitantes buscan influenciar y están influenciando en la actualidad.

En su intento de promover uniformidad y conformidad, los visitantes contarán con esas instituciones y esos valores que sienten son los más estables y prácticos para su uso. Ellos no tienen interés en sus ideas y valores, salvo en la medida en que estas cosas puedan promover el avance de sus planes. No se engañen a sí mismos pensando que ellos son atraídos a su espiritualidad porque carecen de tales cosas. Esto sería un error tonto y posiblemente fatal. No piensen que ellos están enamorados de su vida y de esas cosas que ustedes encuentran intrigantes. Pues solamente en raros casos podrían ustedes influenciarles de esta manera. Toda curiosidad natural ha sido extirpada de ellos y es muy poco lo que queda. Hay, de hecho, muy poco en ellos de lo que ustedes llamarían "Espíritu" o lo que nosotros llamaríamos "Varne" o "La Vía de la Perspicacia". Ellos son controlados y controladores, y siguen modelos de pensamiento y conducta que están firmemente establecidos y se refuerzan de manera rigurosa. Tal vez parecerán empatizar con sus ideas, pero será solo para ganar su lealtad.

En las instituciones religiosas tradicionales de su mundo, buscarán utilizar aquellos valores y convicciones fundamentales que pueden servir en el futuro para atraer su lealtad hacia ellos. Déjennos darles unos ejemplos, nacidos de nuestras propias observaciones y de la perspectiva que Los Invisibles nos han dado a lo largo del tiempo.

Muchas personas en su mundo siguen la fe Cristiana. Nosotros pensamos que esto es admirable, aunque ciertamente no es la única forma de acercarse a las preguntas fundamentales sobre la identidad y el propósito espirituales en la vida. Los visitantes utilizarán la idea fundamental de la devoción a un solo líder para generar lealtad a su causa. En el contexto de esta religión, la identificación con Jesús el Cristo será enormemente utilizada. La esperanza y la promesa de su regreso al mundo ofrecen a sus visitantes una oportunidad perfecta, en particular en este punto decisivo del milenio.

Es nuestro entendimiento que el Jesús verdadero no volverá al mundo, pues él trabaja en concierto con Los Invisibles y sirve a la humanidad y también a otras razas. La persona que vendrá clamando su nombre vendrá de la Comunidad Mayor. Será alguien nacido y criado para este propósito por los colectivos que hoy están en el mundo. Él va a parecer humano y va a tener habilidades significativas comparadas con lo que ustedes pueden realizar en este momento. Va a parecer completamente altruista. Va a poder ejecutar actos que incitarán miedo o gran reverencia. Va a poder proyectar imágenes de ángeles, demonios o cualquier cosa a la que sus superiores deseen exponerles. Va a parecer que tiene poderes espirituales. Sin embargo, vendrá de la Comunidad Mayor y será parte del colectivo. Y él suscitará lealtad a seguirle. Eventualmente, alentará la enajenación o la destrucción de aquellas personas que no puedan hacerlo.

A los visitantes no les importa cuántos de ustedes sean destruidos mientras disfruten de una lealtad primaria entre la mayoría de la gente. Por eso, los visitantes se enfocarán en aquellas ideas fundamentales que les dan esta autoridad e influencia.

Una Segunda Venida, entonces, está siendo preparada por parte de sus visitantes. Entendemos que la evidencia de esto ya está en el mundo. La gente no se da cuenta de la presencia de los visitantes o de la naturaleza de la realidad en la Comunidad Mayor, y por eso aceptarán naturalmente sus creencias previas sin cuestionarlas, sintiendo que ha llegado el momento para el gran retorno de su Salvador y su Maestro. Pero el que vendrá no vendrá desde la hueste celestial, no representará al Conocimiento o a Los Invisibles y no representará al Creador o a la voluntad del Creador. Nosotros hemos visto este plan en formulación en el mundo. También hemos visto planes similares ejecutados en otros mundos.

En otras tradiciones religiosas los visitantes promoverán la uniformidad —lo que ustedes tal vez llamarían un tipo de religión fundamental basada en el pasado, basada en la lealtad a la autoridad y basada en la conformidad respecto a la institución—. Esto sirve a los visitantes. Ellos no están interesados en la ideología y en los valores de sus tradiciones religiosas, solamente en su utilidad. Cuánto más la gente pueda pensar igual, actuar igual y responder de maneras predecibles, más útil será para los colectivos. Esta conformidad está siendo promovida en muchas tradiciones diferentes. La intención aquí no es hacerlas a todas iguales, sino que sean simples dentro de sí mismas.

En una parte del mundo prevalecerá una clase de ideología religiosa; en otra parte diferente del mundo prevalecerá otra distinta. Esto es completamente útil para sus visitantes, porque a ellos no les importa si hay más de una religión, siempre y cuando haya orden, conformidad y lealtad. Careciendo de cualquier religión propia que ustedes puedan seguir o reconocer, ellos usarán las religiones de ustedes para fomentar sus propios valores. Porque solamente valoran la lealtad total hacia su causa y hacia los colectivos, y buscan su lealtad total para participar con ellos de la manera que ellos prescriban. Les asegurarán que esto creará paz y redención en el mundo y la venida de cualquier imagen o personaje religioso que aquí se considere de mayor valor.

Con esto no queremos decir que la religión fundamental esté gobernada por fuerzas extraterrestres, porque entendemos que esta clase de religión ha estado bien establecida en su mundo. Lo que estamos diciendo aquí es que sus impulsos y mecanismos serán sostenidos por los visitantes y usados para sus propios fines. Por eso, todas las personas que son verdaderos creyentes en sus tradiciones deben poner mucho cuidado en discernir estas influencias y contrarrestarlas si es posible. Aquí no es a la persona ordinaria del mundo a quien los visitantes buscan convencer, sino al liderazgo.

> Careciendo de cualquier religión propia que ustedes puedan seguir o reconocer, ellos usarán las religiones de ustedes para fomentar sus propios valores.

Los visitantes creen firmemente que si ellos no intervienen de una manera oportuna, la humanidad se destruirá a sí misma y destruirá el mundo. Esto no se basa en la verdad; es solamente una suposición. Aunque la humanidad está en peligro de aniquilarse a sí misma, este no es necesariamente su destino. Pero los colectivos creen que sí lo es, y por tanto deben actuar sin demora y dar a sus programas de persuasión un gran énfasis. Aquellas personas que puedan ser convencidas serán valoradas como útiles; aquellas que no, serán descartadas y enajenadas. Si los visitantes llegan a ser lo suficientemente fuertes y consiguen el control completo del mundo, aquellos que no puedan conformarse serán simplemente eliminados. Pero no serán los visitantes quienes hagan la destrucción. La destrucción se hará mediante los individuos que han caído completamente bajo su persuasión en el mundo.

Este es un escenario terrible, lo entendemos, pero no debe haber confusión alguna si ustedes han de comprender y recibir lo que estamos expresando en nuestros mensajes. No es la aniquilación de la humanidad lo que los visitantes quieren lograr, sino su asimilación. Con este fin ellos se cruzarán con ustedes mediante el programa de hibridación. Intentarán redirigir sus impulsos e instituciones religiosas hacia este propósito. Se establecerán a sí mismos en el mundo de una manera clandestina con este propósito. Influenciarán a los gobiernos y a los líderes de los gobiernos con este propósito. Influenciarán a los poderes militares en el mundo con este propósito. Los visitantes tienen confianza en que pueden tener éxito, pues hasta ahora ven que la humanidad no ha ejercido la resistencia suficiente para contrarrestar sus medidas o sus planes.

> Los visitantes tienen confianza en que pueden tener éxito, pues hasta ahora ven que la humanidad no ha ejercido la resistencia suficiente para contrarrestar sus medidas o sus planes.

Para contrarrestarlos, ustedes tienen que aprender El Camino del Conocimiento de la Comunidad Mayor. Cualquier raza libre en el Universo debe aprender El Camino del Conocimiento, como sea que esté definido en sus propias culturas. Este es el origen de la libertad individual. Esto es lo que permite que los individuos y las sociedades tengan verdadera integridad y la sabiduría necesaria para enfrentar las influencias que contrarrestan al Conocimiento, tanto dentro de sus mundos como en la Comunidad Mayor. Es por tanto necesario aprender vías nuevas, porque ustedes están adentrándose en una situación nueva, con fuerzas nuevas e influencias nuevas. De hecho, esto no es un prospecto para el futuro sino un reto inmediato. La vida en el Universo no espera a su preparación. Los sucesos ocurrirán tanto si ustedes están preparados como si no. La visitación ha ocurrido sin su acuerdo y sin su permiso. Y sus derechos fundamentales están siendo violados en un grado mucho mayor de lo que aún comprenden.

Por eso, nosotros hemos sido enviados aquí no solamente a dar nuestra perspectiva y nuestro aliento, sino también a hacer sonar una llamada, una alarma, a inspirar una consciencia y un compromiso. Hemos dicho antes que no podemos salvar a su raza mediante una intervención militar. Ese no es nuestro papel. Y aún si intentáramos hacerlo y recabáramos la fuerza para llevar a cabo un plan así, su mundo sería destruido. Nosotros solo podemos aconsejar.

Ustedes verán en el futuro una ferocidad de creencia religiosa expresándose de maneras violentas, ejerciéndose contra personas que disienten y contra naciones de menor fuerza, y usándose como un arma de ataque y destrucción. Nada les gustaría más a los visitantes que el hecho de que sus instituciones religiosas gobernasen a sus naciones. Esto se debe resistir. Nada les gustaría más a los visitantes que tener valores religiosos que sean compartidos por todos, porque esto aumentaría su fuerza laboral y haría su tarea más fácil. En todas sus manifestaciones, los objetivos de esta influencia se reducen fundamentalmente a lograr el consentimiento y la sumisión —la sumisión de la voluntad, la sumisión del propósito, la sumisión de las habilidades propias y de la propia vida—. Sin embargo, esto será anunciado como si fuera un gran logro para la humanidad, un gran avance en la sociedad, una nueva unificación para la raza humana, una nueva esperanza de paz y ecuanimidad, un triunfo del espíritu humano sobre sus instintos.

Por tanto, venimos con nuestro consejo y les alentamos a contenerse de tomar decisiones imprudentes,

Nada les gustaría más a los visitantes que el hecho de que sus instituciones religiosas gobernasen a sus naciones. Esto se debe resistir.

a contenerse de dar su vida a cosas que no comprenden y a no apagar su discernimiento y su discreción para conseguir cualquier premio que les sea prometido. Y debemos alentarles a no traicionar al Conocimiento dentro de ustedes mismos, la inteligencia espiritual con la que nacieron y que ahora contiene su única y mayor promesa.

Tal vez al escuchar esta información ustedes mirarán el Universo como un lugar carente de Gracia. Tal vez se vuelvan cínicos y temerosos, pensando que la avaricia es universal. Pero este no es el caso. Lo que se necesita ahora es que ustedes se hagan fuertes, más fuertes de lo que son ahora, más fuertes de lo que han sido jamás. No den la bienvenida a las comunicaciones con aquellos seres que intervienen en su mundo hasta que tengan esta fuerza. No abran sus mentes y corazones a los visitantes de más allá del mundo, porque ellos vienen aquí para sus propios fines. No piensen que ellos van a realizar sus profecías religiosas o sus mayores ideales, porque eso es una ilusión.

Hay grandes fuerzas espirituales en la Comunidad Mayor — individuos y aun naciones que han alcanzado estados altísimos de logro, mucho más allá de lo que la humanidad ha demostrado hasta ahora—. Pero ellos no vienen ni toman el control de otros mundos. Ellos no representan a fuerzas políticas o económicas en el universo. No están involucrados en el comercio, más allá de atender sus propias necesidades fundamentales. Ellos viajan raramente, excepto en situaciones de emergencia.

A aquellos que están emergiendo a la Comunidad Mayor se les envían emisarios para ayudar, emisarios como nosotros. Y también existen emisarios espirituales —el poder de Los Invisibles, los cuales pueden hablar a aquellas personas que están preparadas para recibir y muestran buen corazón y promesa—. Así es como Dios trabaja en el Universo.

Ustedes están entrando en un ambiente nuevo y difícil. Su mundo es muy valioso para otros. Ustedes necesitarán protegerlo. Necesitarán preservar sus recursos para no necesitar ni depender del comercio con otras naciones para las necesidades fundamentales de su vida. Si no preservan sus recursos tendrán que ceder mucha de su libertad y su autosuficiencia.

Su espiritualidad debe ser firme. Debe basarse en la verdadera experiencia, porque los valores, las creencias, los rituales y las tradiciones se pueden usar y están siendo usados por sus visitantes para sus propios fines.

Aquí ustedes pueden empezar a ver que sus visitantes son muy vulnerables en ciertas áreas. Permítannos explorarlo un poco más. Individualmente, los visitantes tienen muy poca voluntad y tienen dificultades a la hora de tratar con complejidades. Ellos no comprenden su naturaleza espiritual. Sin duda no comprenden los impulsos del Conocimiento. Cuanto más fuertes ustedes sean en el Conocimiento, más inexplicables se volverán, más difíciles serán de controlar y menos útiles serán para ellos y su programa de integración. Individualmente, cuanto más fuertes sean en el Conocimiento, mayor reto serán para ellos. Cuantos más individuos lleguen a ser fuertes en el Conocimiento, más difícil será para los visitantes aislarles.

Los visitantes no tienen fuerza física. Su poder está en el Ambiente Mental y en el uso de sus tecnologías. Sus números son pequeños en comparación con los de ustedes. Ellos dependen completamente de su docilidad, y están demasiado confiados pensando que pueden tener éxito. Basándose en su experiencia hasta ahora, la humanidad no ha ofrecido una resistencia significativa. Sin embargo, cuanto más fuertes ustedes sean en el Conocimiento, más se convertirán en una fuerza que se opone a la intervención y a la manipulación, y se volverán una fuerza a favor de la libertad y la integridad de su raza.

Aunque tal vez pocos podrán oír nuestro mensaje, su respuesta es importante. Tal vez es fácil dudar de nuestra presencia o nuestra realidad y reaccionar contra nuestro mensaje, pero nosotros hablamos en acuerdo con el Conocimiento. Por eso, lo que decimos puede ser conocido dentro de ustedes, si son libres de conocerlo.

Entendemos que nosotros desafiamos muchas creencias y convenciones en nuestra presentación. Aun nuestra aparición aquí parecerá inexplicable y será rechazada por muchas personas. Pero aun así nuestras palabras y nuestro mensaje pueden resonar con ustedes, porque nosotros hablamos con el Conocimiento. El poder de la verdad es el poder más grande en el Universo: tiene el poder de liberar, el poder de iluminar y el poder de dar fuerza y confianza a aquellas personas que lo necesitan.

> ...cuanto más fuertes ustedes sean en el Conocimiento, más se convertirán en una fuerza que se opone a la intervención y a la manipulación, y se volverán una fuerza a favor de la libertad y la integridad de su raza.

Se nos ha dicho que la consciencia humana es muy valorada, aunque quizá no siempre seguida. Es de esto de lo que hablamos cuando mencionamos El Camino del Conocimiento. Este es fundamental para todos sus impulsos espirituales genuinos. El Camino del Conocimiento está contenido ya en sus religiones. No es nuevo para ustedes. Pero debe ser valorado, o de lo contrario nuestros esfuerzos y los esfuerzos de Los Invisibles en pos de preparar a la humanidad para la Comunidad Mayor no tendrán éxito. Responderán solo un número excesivamente escaso de individuos. Y la verdad será una carga para ellos, porque no podrán compartirla de manera efectiva.

Por tanto, no venimos a criticar sus instituciones o sus convenciones religiosas, sino solamente a ilustrar cómo pueden ser usadas contra ustedes. No estamos aquí para sustituirlas o negarlas, sino para mostrar cómo la verdadera integridad debe extenderse por ellas para que puedan servirles de una manera genuina.

En la Comunidad Mayor, la espiritualidad está representada por lo que nosotros llamamos el Conocimiento, siendo el Conocimiento la inteligencia del Espíritu y el movimiento del Espíritu dentro de ustedes. Esto les da el poder de saber en vez de solamente creer. Esto les da inmunidad frente a la persuasión y la manipulación, porque el Conocimiento no puede ser manipulado por ningún poder ni por ninguna fuerza mundana. Esto da vida a sus religiones y esperanza a su destino.

Nosotros somos fieles a estas ideas, porque son fundamentales. Sin embargo estas ideas están ausentes en los colectivos, y si ustedes se encontrasen con ellos, o incluso con su presencia, y tuviesen el poder de mantener su propia mente, entonces lo verían por sí mismos.

> El poder de la verdad es el poder más grande en el Universo: tiene el poder de liberar, el poder de iluminar y el poder de dar fuerza y confianza a aquellas personas que lo necesitan.

Nos han dicho que hay muchas personas en el mundo que desean entregarse a un poder mayor en la vida. Esto no es único a la humanidad, pero en la Comunidad Mayor este camino conduce a la esclavitud. Nosotros comprendemos que en su propio mundo, antes de que los visitantes estuviesen aquí en tales números, este camino acabó muchas veces en la esclavitud. Pero en la Comunidad Mayor ustedes son más vulnerables y deben ser más sabios, más cuidadosos y más autosuficientes. La imprudencia aquí trae consigo un alto precio y una gran desventura.

Si ustedes pueden responder al Conocimiento y aprender un Camino del Conocimiento de la Comunidad Mayor, entonces podrán ver estas cosas por sí mismos. Entonces confirmarán nuestras palabras en vez de solamente creerlas o rechazarlas. El Creador esta haciendo esto posible, porque es la voluntad del Creador que la humanidad se prepare para su futuro. Por eso nosotros hemos venido. Por eso estamos observando y ahora tenemos la oportunidad de reportar lo que vemos.

Las tradiciones religiosas del mundo hablan bien de ustedes en sus enseñanzas esenciales. Nosotros hemos tenido la oportunidad de aprender sobre ellas gracias a Los Invisibles. Pero estas tradiciones también representan una debilidad potencial. Si la humanidad estuviera más vigilante y comprendiera las realidades de la vida en la Comunidad Mayor y el sentido de la visitación prematura, sus peligros no serían tan grandes como lo son hoy. Existe la esperanza y la expectación de que una visitación así traerá grandes recompensas y será una satisfacción para ustedes. Todavía no han podido aprender de la realidad de la Comunidad Mayor ni de las fuerzas poderosas que están interactuando con su mundo. Ustedes carecen de comprensión y su confianza prematura en los visitantes no les sirve.

Es por esta razón que los Sabios de todas partes de la Comunidad Mayor permanecen escondidos. Ellos no buscan comercio en la Comunidad Mayor. No buscan ser parte de los gremios o las cooperativas comerciales. No buscan la diplomacia con muchos mundos. Su red de lealtad es más misteriosa, más espiritual en su naturaleza. Ellos comprenden los riesgos y las dificultades de la exposición a las realidades de la vida en el Universo físico. Ellos mantienen su aislamiento y permanecen vigilantes de sus fronteras. Solo buscan extender su sabiduría mediante medios que no son tan físicos en su naturaleza.

En su propio mundo, quizás, ustedes pueden ver esto manifestado en aquellos que son los más sabios, los que poseen mayores dones, los que no buscan ventaja personal mediante vías comerciales y no se dan a la conquista y la manipulación. Su propio mundo les dice mucho. Su propia historia les dice mucho e ilustra, aunque a una escala más pequeña, todo lo que nosotros les estamos presentando aquí.

Por lo tanto, es nuestra intención no solamente avisarles de la gravedad de su situación, sino también proveerles, si es posible, de una percepción y una comprensión mayores de la vida, pues ustedes las van a necesitar. Y confiamos en que habrá suficiente gente que pueda oír estas palabras y responder a la grandeza del Conocimiento. Esperamos que haya gente que pueda reconocer que nuestros mensajes no están aquí para evocar el miedo y el pánico, sino para engendrar responsabilidad y compromiso con la preservación de la libertad y el bien dentro de su mundo.

Si la humanidad fallara en su oposición a la Intervención, nosotros podemos pintar una imagen de lo que esto significaría. Lo hemos visto en otros lugares, porque cada uno de nosotros llegó muy cerca dentro de nuestros propios mundos. Siendo parte de un colectivo, la Tierra será minada por sus recursos, su gente será obligada a trabajar y sus rebeldes y herejes serán enajenados o destruidos. El mundo será preservado por sus intereses agrícolas y mineros. Las sociedades humanas existirán, pero solamente en subordinación a poderes de más allá de su mundo. Y si el mundo agotara alguna vez su utilidad, si sus recursos fueran completamente tomados, entonces ustedes serían dejados a su suerte, despojados. La sustentabilidad de la vida en su mundo les habría sido quitada; los mismos medios de supervivencia habrían sido robados. Esto ha ocurrido antes en muchos otros lugares.

En el caso de este mundo, los colectivos pueden escoger preservar el mundo para su uso continuado en calidad de puesto estratégico y almacén biológico. Sin embargo, la población humana sufriría terriblemente bajo un dominio muy opresivo. La población de la humanidad sería reducida. La administración de la humanidad sería otorgada a aquellos que son criados para dirigir a la raza humana dentro de un nuevo orden. La libertad humana como ustedes la conocen ya no existiría, y sufrirían bajo el peso de un dominio extranjero, un dominio que sería severo y exigente.

Existen muchos colectivos en la Comunidad Mayor. Algunos son grandes; otros son pequeños. Algunos son más éticos en sus tácticas; muchos otros no lo son. En la medida en que ellos compiten entre sí buscando oportunidades —como la de lograr el dominio de su mundo— pueden perpetrarse actividades peligrosas. Nosotros debemos dar esta ilustración para que no tengan dudas sobre lo que estamos diciendo. Las opciones frente a ustedes son muy limitadas, pero muy fundamentales.

Por lo tanto, comprendan que desde la perspectiva de sus visitantes ustedes son todos tribus que necesitan ser manejadas y controladas para servir a sus intereses. Para ello se preservarán sus religiones y un cierto grado de su realidad social. Pero ustedes perderán muchísimo. Y mucho habrá sido perdido antes de que se den cuenta de lo que se les ha quitado. Por tanto, nosotros solamente podemos abogar por una vigilancia, una responsabilidad y un compromiso de aprender —aprender sobre la vida en la Comunidad Mayor, aprender sobre cómo preservar su propia cultura y su propia realidad en un ambiente mayor, y aprender acerca de cómo saber quiénes están aquí para servirles distinguiéndoles de aquellos que no están aquí para servirles—. Este discernimiento mayor es algo muy necesitado en el mundo, incluso para la resolución de sus propias dificultades. Pero en lo que respecta a su supervivencia y bienestar en la Comunidad Mayor, este discernimiento es absolutamente fundamental.

Por tanto, les animamos a tener coraje. Nosotros tenemos más cosas que compartir con ustedes.

El Umbral:
Una Nueva Promesa
para la Humanidad

Prepararse para la presencia extraterrestre en el mundo requiere aprender más sobre la vida en la Comunidad Mayor —la vida que envolverá su mundo en el futuro, la vida de la que ustedes serán parte.

El destino de la humanidad fue siempre emerger a una Comunidad Mayor de vida inteligente. Esto es inevitable y ocurre en todos los mundos donde la vida inteligente ha sido sembrada y se ha desarrollado. Tarde o temprano ustedes se habrían dado cuenta de que viven dentro de una Comunidad Mayor. Y al final habrían descubierto que no estaban solos en su propio mundo, que estaban ocurriendo visitas y que era necesario aprender a tratar con las razas, fuerzas, creencias y actitudes divergentes que prevalecen en la Comunidad Mayor en la que viven.

Emerger a la Comunidad Mayor es su destino. Su aislamiento ha terminado. Aunque su mundo ha sido visitado muchas veces en el pasado, su aislamiento ha llegado a su fin. Ahora es necesario que ustedes comprendan que ya no están solos —que no están solos en el Universo o aun dentro de su propio mundo—. Esta comprensión se presenta más completamente en la Enseñanza sobre la Espiritualidad de la Comunidad Mayor que hoy día se está enviando al mundo. Nuestro papel aquí es describir la vida tal y como existe en la Comunidad Mayor, de modo que ustedes puedan tener una comprensión más profunda del mayor panorama de vida al que están emergiendo. Esto es necesario para que ustedes puedan acercarse a esta nueva realidad con más objetividad, más comprensión y más sabiduría. La humanidad ha vivido en un aislamiento relativo durante tanto tiempo que es natural que ustedes piensen que el resto del universo funciona según las ideas, los principios y la ciencia que ustedes mantienen como sagrados y usan para basar sus actividades y sus percepciones del mundo.

> La Comunidad Mayor es vasta. Sus distancias más lejanas nunca han sido exploradas. Es más grande de lo que ninguna raza pueda comprender. Dentro de esta creación magnífica, la vida inteligente existe en todos los niveles de evolución y en expresiones innumerables.

La Comunidad Mayor es vasta. Sus distancias más lejanas nunca han sido exploradas. Es más grande de lo que ninguna raza pueda comprender. Dentro de esta creación magnífica, la vida inteligente existe en todos los niveles de evolución y en expresiones innumerables. Su mundo existe en una parte de la Comunidad Mayor que está bastante habitada. Hay muchas áreas de la Comunidad Mayor que nunca han sido exploradas, y áreas donde existen razas viviendo en secreto. En la Comunidad Mayor existen todas las manifestaciones de vida. Y aunque la vida tal y como hemos estado describiéndola parece difícil y desafiante, el Creador trabaja en todas partes, reclamando a los separados mediante la Sabiduría.

En la Comunidad Mayor no puede haber solamente una religión, una ideología o una forma de gobierno que pueda ser adaptada a todas las razas y a todos los pueblos. Por eso, cuando hablamos de la religión nosotros nos referimos a la espiritualidad del Conocimiento, porque ella es el poder y la presencia del Conocimiento que vive en toda vida inteligente —dentro de ustedes, dentro de sus visitantes y dentro de otras razas que ustedes encontrarán en el futuro.

Por tanto, una espiritualidad universal se vuelve un gran punto focal. Ella une la comprensión y las ideas divergentes que son comunes en su mundo y da a su propia realidad espiritual una fundación compartida. Sin embargo, el estudio del Conocimiento no es solo edificante; es esencial para la supervivencia y el avance en la Comunidad Mayor. Para poder establecer y sostener su libertad y su independencia en la Comunidad Mayor, ustedes deben lograr que esta gran habilidad sea desarrollada por suficiente gente de su mundo. El Conocimiento es la única parte de ustedes que no puede ser manipulada o influenciada. Es la fuente de toda comprensión y acción sabias, y se vuelve una necesidad en el ambiente de la Comunidad Mayor si ustedes valoran la libertad y desean establecer su propio destino sin ser asimilados a un colectivo o a otra sociedad.

Por tanto, aunque nosotros presentamos una situación grave en el mundo actual, también presentamos un gran regalo y una gran promesa para la humanidad, porque el Creador no les dejaría sin una preparación para la Comunidad Mayor, que representa el mayor umbral que su raza encontrará jamás. A nosotros también se nos bendijo con este regalo. Este ha estado en nuestra posesión durante muchos de sus siglos. Nosotros hemos tenido que aprenderlo tanto por elección como por necesidad.

En efecto, es la presencia y el poder del Conocimiento lo que nos permite hablar como sus Aliados y proveer la información que les estamos dando en estos discursos. Si nunca hubiésemos descubierto esta gran Revelación, nosotros estaríamos aislados en nuestros propios mundos, sin poder comprender las fuerzas más grandes en el universo que darían forma a nuestro futuro y a nuestro destino. El regalo que se está dando actualmente en su mundo nos ha sido dado a nosotros y también a muchas otras razas que mostraban promesa. Este regalo es especialmente importante para las razas emergentes como la suya, que contienen esta promesa pero son todavía muy vulnerables en la Comunidad Mayor.

...cuando hablamos de la religión nosotros nos referimos a la espiritualidad del Conocimiento, porque ella es el poder y la presencia del Conocimiento que vive en toda vida inteligente...

Por tanto, aunque no pueda haber solamente una religión o una ideología en el universo, existe un principio universal, una comprensión y una realidad espiritual que están disponibles para todos. Esto es tan completo que puede hablar a aquellos que son extremadamente diferentes de ustedes. Esto habla a la diversidad de la vida en todas sus manifestaciones. Ustedes, viviendo en su mundo, tienen ahora la oportunidad de aprender de esta gran realidad, de experimentar su poder y gracia por sí mismos. De hecho, en última instancia es este el regalo que nosotros deseamos reforzar, porque este preservará su libertad y su autodeterminación y abrirá la puerta a una mayor promesa en el universo.

Sin embargo, ustedes enfrentan al principio la adversidad y un gran reto. Esto requiere que ustedes aprendan un Conocimiento más profundo y una consciencia mayor. Si responden a este reto ustedes serán los beneficiarios, no solamente para sí mismos, sino para toda su raza.

La enseñanza de la Espiritualidad de la Comunidad Mayor está siendo presentada hoy en el mundo. Nunca se ha presentado aquí antes. Está entregándose a través de un individuo, que sirve como el intermediario y el orador de esta Tradición. Esta enseñanza está siendo enviada al mundo en este tiempo crítico en que la humanidad debe aprender de su vida en la Comunidad Mayor y de las fuerzas mayores que están dando forma hoy al mundo. Solamente una enseñanza y una comprensión de más allá del mundo podrían darles esta ventaja y esta preparación.

Ustedes no están solos emprendiendo esta tarea tan grande, porque hay otros en el universo emprendiéndola, incluso en su mismo nivel de desarrollo. Ustedes son una raza entre las muchas razas que están emergiendo a la Comunidad Mayor en este momento. Cada una tiene promesa, pero todas ellas son vulnerables a las dificultades, los retos y las influencias que existen en este ambiente mayor. De hecho, muchas razas han perdido su libertad antes incluso de lograrla, solo para convertirse en parte de colectivos o gremios comerciales o bien en estados clientes de poderes mayores.

Nosotros no deseamos que esto le suceda a la humanidad, porque ello sería una pérdida grandísima. Es por esta razón que nosotros estamos aquí. Es por esta razón que el Creador está activo hoy en el mundo, trayendo una comprensión nueva a la familia humana. Ya es tiempo de que la humanidad termine sus conflictos incesantes entre sí y se prepare para su vida en la Comunidad Mayor.

Ustedes viven en un área que tiene mucha actividad más allá de la esfera de su pequeño sistema solar. En esta área, el comercio se lleva a cabo por ciertas rutas. Los mundos interactúan, compiten y a veces entran en conflicto entre sí. Todos aquellos que tienen intereses comerciales están buscando oportunidades. Buscan no solamente recursos, sino la lealtad de mundos tales como el suyo. Algunos son parte de colectivos más grandes. Otros mantienen sus propias alianzas a una escala más pequeña. Los

> Ya es tiempo de que la humanidad termine sus conflictos incesantes entre sí y se prepare para su vida en la Comunidad Mayor.

mundos que logran emerger a la Comunidad Mayor con éxito han tenido que mantener su autonomía y su autosuficiencia en un alto grado. Esto los libera de la exposición a otras fuerzas que solamente servirían para explotarlos y manipularlos.

Es, de hecho, su autosuficiencia y el desarrollo de su comprensión y su unidad lo que se vuelve más esencial para su bienestar en el futuro. Y este futuro no está muy lejos, porque la influencia de los visitantes ya está creciendo en su mundo. Muchos individuos ya se han doblegado ante ellos y ahora sirven como sus emisarios e intermediarios. Muchos otros individuos simplemente sirven como recursos para su programa genético. Esto, como hemos dicho, ha ocurrido muchas veces en muchos lugares. No es un misterio para nosotros, aunque debe parecer incomprensible para ustedes.

La Intervención es a la vez una desventura y una oportunidad vital. Si ustedes pueden responder, si pueden prepararse, si pueden aprender el Conocimiento y la Sabiduría de la Comunidad Mayor, entonces podrán contrarrestar las fuerzas que están interfiriendo en su mundo y establecerán la fundación para una unidad mayor entre su gente y sus tribus. Nosotros por supuesto alentamos esto, porque ello refuerza el vínculo del Conocimiento en todas partes.

En la Comunidad Mayor, la guerra a gran escala ocurre raramente. Hay fuerzas restrictivas. Por ejemplo, la guerra perturba el comercio y el desarrollo de recursos. Como resultado, a las naciones grandes no se les permite actuar con imprudencia, porque ello impide o contrarresta los objetivos de otros grupos, otras naciones y otros intereses. La guerra civil ocurre periódicamente en los mundos, pero la guerra a gran escala entre sociedades y entre mundos es realmente muy infrecuente. Es en parte por esta razón que se ha establecido la habilidad en el Ambiente Mental, porque las naciones compiten entre ellas e intentan influenciarse las unas a las otras. Puesto que nadie quiere destruir recursos y oportunidades, estas habilidades y capacidades mayores son cultivadas, con diversos grados de éxito, en muchas sociedades de la Comunidad Mayor. Cuando están presentes este tipo de influencias, la necesidad del Conocimiento es aún mayor.

La humanidad está mal preparada para esto. Pero debido a su rica herencia espiritual y el grado de libertad personal que hoy tienen en su mundo, existe la promesa de que ustedes sean capaces de avanzar en esta mayor comprensión y puedan así asegurar y preservar su libertad.

Existen otras restricciones contra la guerra en la Comunidad Mayor. La mayor parte de las sociedades comerciales pertenece a gremios grandes que han establecido leyes y códigos de comportamiento para sus miembros. Estos sirven para restringir las actividades de aquellos que buscarían usar la fuerza para ganar acceso a otros mundos y a sus recursos propietarios. Para que estalle una guerra a gran escala tendrían que estar involucradas muchas razas, y esto no ocurre a menudo. Comprendemos que la humanidad es muy belicosa y concibe el conflicto en la Comunidad Mayor en términos de guerra, pero en realidad ustedes descubrirán que esto es poco tolerado y que se emplean otras vías de persuasión en lugar de la fuerza.

> ...existe la promesa de que ustedes sean capaces de avanzar en esta mayor comprensión y puedan así asegurar y preservar su libertad.

Sus visitantes, por tanto, no vienen a su mundo con grandes armamentos. No vienen en posesión de grandes fuerzas militares, porque emplean las habilidades que les han servido de otras maneras —habilidades en la manipulación de los pensamientos, los impulsos y los sentimientos de aquellos a los que encuentran—. La humanidad es muy vulnerable a estas persuasiones, debido al grado de superstición, conflicto y desconfianza que es tan común en su mundo en este momento.

Por lo tanto, para comprender a sus visitantes y para comprender a otros seres que ustedes encontrarán en el futuro, deben establecer una aproximación más madura al uso del poder y la influencia. Esto es una parte vital de su educación para la Comunidad Mayor. Parte de la preparación para esto se dará en la enseñanza de la Espiritualidad de la Comunidad Mayor, pero ustedes también deben aprender mediante la experiencia directa.

Nosotros entendemos que en la actualidad muchas personas tienen una visión muy fantástica de la Comunidad Mayor. Se cree que aquellos que están avanzados en lo tecnológico están también avanzados en lo espiritual, pero podemos asegurarles que este no es el caso. Ustedes mismos, por ejemplo, aunque están ahora más avanzados tecnológicamente de lo que estaban antes, en realidad no han avanzado espiritualmente en un grado muy alto. Tienen más poder, pero con el poder viene la necesidad de una mayor contención.

Hay aquellos en la Comunidad Mayor que tienen muchísimo más poder que ustedes a nivel tecnológico e incluso a nivel de pensamiento.

Comprendemos que la humanidad es muy belicosa y concibe el conflicto en la Comunidad Mayor en términos de guerra, pero en realidad ustedes descubrirán que esto es poco tolerado y que se emplean otras vías de persuasión en lugar de la fuerza.

Ustedes evolucionarán para tratar con ellos, pero las armas no serán su foco. Porque la guerra a una escala interplanetaria es tan destructiva que todos pierden. ¿Cuáles son las pérdidas en un conflicto así? ¿Qué ventajas asegura? De hecho, cuando este tipo de conflicto existe, este ocurre en el espacio y raramente en ambientes terrestres. Las naciones sin escrúpulos y aquellas que son destructivas y agresivas son rápidamente contrarrestadas, particularmente si existen en áreas bastante pobladas donde se practica el comercio.

Por lo tanto, es necesario que ustedes entiendan la naturaleza del conflicto en el universo, porque esto les dará una visión más profunda sobre los visitantes y sus necesidades —por qué funcionan como funcionan, por qué entre ellos la libertad individual es desconocida y por qué se apoyan en sus colectivos—. Esto les da estabilidad y poder, pero también les hace vulnerables ante aquellos que tienen habilidad en el Conocimiento.

El Conocimiento les permite a ustedes pensar en cualquier número de formas, actuar espontáneamente, percibir la realidad más allá de lo obvio y experimentar el futuro y el pasado. Tales habilidades están fuera del alcance de aquellos que solo puedan seguir los regímenes y los dictados de sus culturas. Ustedes están muy por detrás de los visitantes tecnológicamente, pero tienen la promesa de desarrollar habilidades en El Camino del Conocimiento, habilidades que ustedes necesitarán y deberán aprender a utilizar de manera creciente.

Nosotros no seríamos los Aliados de la Humanidad si no les enseñáramos sobre la vida en la Comunidad Mayor. Nosotros hemos visto mucho. Hemos encontrado muchas cosas diferentes. Nuestros mundos fueron vencidos y tuvimos que recuperar nuestra libertad. Conocemos, desde el error y la experiencia, la naturaleza del conflicto y el reto que ustedes afrontan hoy. Esta es la razón por la que estamos bien preparados para esta misión en servicio a ustedes. Sin embargo, ustedes no se encontrarán con nosotros y no vendremos a reunirnos con los líderes de sus naciones. No es ese nuestro propósito.

De hecho, ustedes necesitan tan poca interferencia como sea posible, pero lo que sí necesitan es una gran asistencia. Hay nuevas habilidades que ustedes deben desarrollar y deben ganar una nueva comprensión.

Incluso si una sociedad benévola viniera a su mundo, ella tendría tanta influencia y tanto impacto sobre ustedes que se volverían dependientes de ella.

Incluso si una sociedad benévola viniera a su mundo, ella tendría tanta influencia y tanto impacto sobre ustedes que se volverían dependientes de ella y no establecerían su propia fuerza, su propio poder y su propia autosuficiencia. Ustedes se harían tan dependientes de su tecnología y su comprensión que ellos no podrían dejarles. Y de hecho, su llegada aquí les haría aún más vulnerables frente a la interferencia en el futuro. Porque ustedes desearían su tecnología y desearían viajar por los corredores del comercio en la Comunidad Mayor. Pero ustedes no estarían preparados y no serían sabios.

Esta es la razón por la que sus futuros amigos no están aquí. Esta es la razón por la que no vienen a ayudarles. Porque ustedes no llegarían a ser fuertes si vinieran. Ustedes querrían asociarse con ellos, querrían tener alianzas con ellos, pero ustedes serían tan débiles que no podrían protegerse a sí mismos. En esencia, ustedes llegarían a ser parte de su cultura, lo cual es algo que ellos no desean.

> El Conocimiento les permite a ustedes pensar en cualquier número de formas, actuar espontáneamente, percibir la realidad más allá de lo obvio y experimentar el futuro y el pasado.

Quizás mucha gente no podrá comprender lo que estamos diciendo aquí, pero con el tiempo tendrá pleno sentido para ustedes y verán su sabiduría y su necesidad. En este momento ustedes son demasiado débiles, están demasiado distraídos y tienen demasiado conflicto para ser capaces de formar alianzas fuertes, aun con aquellos que podrían ser sus amigos en el futuro. La humanidad todavía no puede hablar como una sola voz, y por tanto es vulnerable frente a la intervención y la manipulación externas.

Cuando la realidad de la Comunidad Mayor se conozca mejor en su mundo y si nuestro mensaje puede alcanzar a un número suficiente gente, habrá un consenso creciente de que existe un problema mayor frente a la humanidad. Esto podría crear una nueva base para la cooperación y el consenso. ¿Qué ventaja podría tener una nación sobre otra cuando el mundo entero está amenazado por la Intervención? ¿Y quién podría buscar ganar poder individual en un ambiente donde están interviniendo fuerzas extraterrestres? Para que la libertad en su mundo sea genuina debe ser compartida. Debe ser reconocida y conocida. No puede ser el privilegio de unos pocos, de lo contrario no habrá aquí una verdadera fuerza.

Nosotros entendemos gracias a Los Invisibles que ya hay individuos que buscan el dominio del mundo, porque creen que tienen las bendiciones y el apoyo de los visitantes. Los visitantes les han asegurado que ellos serán ayudados en su búsqueda de poder. Pero, ¿qué están cediendo estos individuos sino las llaves de su propia libertad y la libertad de su mundo? Estos individuos no son conscientes de lo que hacen y no poseen sabiduría. No pueden ver su error.

Entendemos también que hay aquellos que creen que los visitantes están aquí para representar un renacimiento espiritual y una nueva esperanza para la humanidad, pero, ¿cómo pueden saber ellos, que no saben nada de la Comunidad Mayor? Es su esperanza y su deseo que este sea el caso, y tales deseos son acomodados por los visitantes por razones muy obvias.

Lo que estamos diciendo aquí es que no puede haber en el mundo algo menor que una libertad verdadera, un poder verdadero y una unidad verdadera. Nosotros hacemos nuestro mensaje disponible para todos, y confiamos en que nuestras palabras puedan ser recibidas y consideradas seriamente. Pero no tenemos control sobre su respuesta. Y tal vez las supersticiones y

Cuando la realidad de la Comunidad Mayor se conozca mejor en su mundo y si nuestro mensaje puede alcanzar a un número suficiente de gente, habrá un consenso creciente de que existe un problema mayor frente a la humanidad.

los temores del mundo pondrán nuestro mensaje fuera del alcance de mucha gente. Pero la promesa todavía está ahí. Para darles más, nosotros tendríamos que tomar posesión de su mundo, lo cual es algo que no queremos hacer. Por tanto, nosotros damos todo lo que podemos dar sin interferir en sus asuntos. Sin embargo, hay muchas personas que quieren interferencia. Quieren ser rescatadas o salvadas por algún otro. No confían en las posibilidades de la humanidad. No creen en las fuerzas y capacidades inherentes de la humanidad. Ellas entregarán su libertad voluntariamente. Ellas creerán en lo que los visitantes les dicen. Y servirán a sus nuevos dueños, pensando que lo que se les está dando es su propia liberación.

La libertad es una cosa preciosa en la Comunidad Mayor. Nunca lo olviden. Su libertad, nuestra libertad. ¿Y qué es libertad sino la habilidad de seguir el Conocimiento, la realidad que el Creador les ha dado, y expresar y contribuir el Conocimiento en todas sus manifestaciones?

> La libertad es una cosa preciosa en la Comunidad Mayor. Nunca lo olviden. Su libertad, nuestra libertad.

Sus visitantes no tienen esta libertad. Ellos la desconocen. Ellos observan el caos de su mundo y creen que el orden que impondrán aquí será redentor para ustedes y les salvará de su propia autodestrucción. Esto es todo lo que pueden dar, porque esto es todo que tienen. Y ellos les usarán, pero no consideran que esto sea algo impropio, puesto que ellos mismos son usados y no conocen ninguna alternativa. Su programación y su condicionamiento son tan completos que la posibilidad de alcanzarles al nivel de su espiritualidad más profunda es muy remota. Ustedes no tienen la fuerza para hacerlo. Tendrían que ser mucho más fuertes de lo que son hoy para tener una influencia redentora en sus visitantes. Y sin embargo, la conformidad de sus visitantes no es infrecuente en la Comunidad Mayor. Es de hecho muy común entre los grandes colectivos, donde la uniformidad y la sumisión son esenciales para el funcionamiento eficiente, particularmente cuando se extienden sobre vastas áreas del espacio.

Por lo tanto, no miren a la Comunidad Mayor con miedo, sino con objetividad. Las condiciones que estamos describiendo ya existen en su mundo. Ustedes pueden comprender estas cosas. La manipulación les es conocida. La influencia les es conocida. Simplemente no las han encontrado a una escala tan grande, ni han tenido que competir con otras formas de vida inteligente. Como resultado, todavía no tienen las habilidades para hacerlo.

Nosotros hablamos del Conocimiento porque este es la mayor capacidad que ustedes tienen. Independientemente de la tecnología que puedan desarrollar con el tiempo, el Conocimiento es su mayor promesa. Ustedes están muy por detrás de los visitantes en su desarrollo tecnológico, de modo que deben apoyarse en el Conocimiento. Es la fuerza más grande en el Universo, y sus visitantes no la usan. Es su única esperanza. Esta es la razón por la que la enseñanza en La Espiritualidad de la Comunidad Mayor enseña El Camino del Conocimiento, provee los Pasos al Conocimiento y enseña Sabiduría y Perspicacia de la Comunidad Mayor. Sin esta preparación ustedes no tendrían la habilidad o la perspectiva necesarias para comprender su dilema o para responder a él de una manera eficaz. Es demasiado grande. Es demasiado nuevo. Y ustedes no están adaptados a estas circunstancias nuevas.

> Ustedes están muy por detrás de los visitantes en su desarrollo tecnológico, de modo que deben apoyarse en el Conocimiento. Es la fuerza más grande en el Universo, y sus visitantes no la usan. Es su única esperanza.

La influencia de los visitantes crece con cada día que pasa. Todas las personas que pueden escucharlo, sentirlo y saberlo deben aprender El Camino del Conocimiento, El Camino del

Conocimiento de la Comunidad Mayor. Este es una llamada. Es un regalo. Es un reto.

Bajo circunstancias más agradables la necesidad no parecería ser tan grande. Pero la necesidad es tremenda, puesto que no hay seguridad, no hay ningún lugar donde esconderse, no hay ningún refugio en el mundo que sea seguro frente a la presencia extraterrestre que está aquí. Por eso tienen solo dos opciones: someterse o defender su libertad.

Esta es la gran decisión que afronta cada persona. Este es el gran punto de partida. Ustedes no pueden ser tontos en la Comunidad Mayor. Es un ambiente demasiado exigente. Requiere excelencia, dedicación. Su mundo es demasiado valioso. Los recursos de aquí son codiciados por otros. La posición estratégica de su mundo es muy estimada. Aun si estuvieran viviendo en un mundo remoto lejos de cualquier ruta comercial, distante de todas las actividades comerciales, tarde o temprano serían descubiertos por alguien. Esa eventualidad ha llegado para ustedes ahora. Y está plenamente en marcha.

Tengan coraje, entonces. Este es un tiempo para la valentía, no para la ambivalencia. La gravedad de la situación ante ustedes solo confirma la importancia de sus vidas y sus respuestas, así como la importancia de la preparación que hoy se está dando en el mundo.

...tienen solo dos opciones: someterse o defender su libertad.

Esta preparación no es solo para su edificación y su avance. Es también para su protección y su supervivencia.

Preguntas y Respuestas*

Nosotros sentimos que, dada a la información que hemos compartido hasta ahora, es importante responder a las preguntas que sin duda surgen respecto a nuestra realidad y el significado de los mensajes que hemos venido a entregar.

◆

"Dada la falta de evidencia sólida, ¿por qué debe la gente creer lo que ustedes dicen sobre la Intervención?"

Primero, debe haber mucha evidencia acerca de la visitación a su mundo. Se nos ha dicho que este es el caso. Pero Los Invisibles nos han dicho también que las personas no saben cómo comprender la evidencia y le otorgan su propio sentido —un sentido que prefieren darle, un sentido que en su mayor parte les provee comodidad y seguridad—. Estamos seguros de que hay evidencia adecuada para verificar que la Intervención esta ocurriendo en el mundo si uno se toma el tiempo necesario para ver e investigar este asunto. El hecho de que sus gobiernos o sus líderes religiosos no revelen estas cosas no significa que este evento tan grande no esté ocurriendo.

---

* *(Estas preguntas fueron enviadas a la Biblioteca del Nuevo Conocimiento por muchos de los primeros lectores del material de los Aliados).*

◆

"¿Cómo puede saber la gente que ustedes son reales?"

Respecto a nuestra realidad, nosotros no podemos demostrarles nuestra presencia física, y por tanto ustedes deben discernir el sentido y la importancia de nuestras palabras. En este punto no se trata solamente de un asunto de creencia. Requiere un mayor reconocimiento, un Conocimiento, una resonancia. Nosotros creemos que las palabras que decimos son verdaderas, pero esto no asegura que puedan ser recibidas como tales. No podemos controlar la respuesta a nuestro mensaje. Hay gente que requiere más evidencia de la que pueda darse. Para otros, tal evidencia no será necesaria, porque ellos sentirán una confirmación íntima.

Entretanto, tal vez nosotros permanezcamos en la controversia, pero esperamos que nuestras palabras puedan considerarse en serio y que la evidencia que existe, que es sustancial, pueda ser recogida y comprendida por aquellos que están dispuestos a dar su esfuerzo y el enfoque de su vida a este asunto. Desde nuestra perspectiva no hay problema, reto y oportunidad que más merezca recibir su atención.

Por tanto, ustedes están al principio de una nueva comprensión. Esto requiere fe y confianza. Muchos rechazarán nuestras palabras simplemente porque no creen que sea posible que nosotros podamos existir. Tal vez otros pensarán que somos parte de alguna manipulación que está emprendiéndose sobre el mundo. No podemos controlar estas respuestas. Solamente podemos revelar nuestro mensaje y nuestra presencia en su vida, por más remota que pueda ser esta presencia.

> Nosotros creemos que las palabras que decimos son verdaderas, pero esto no asegura que puedan ser recibidas como tales. No podemos controlar la respuesta a nuestro mensaje.

Aquí no es nuestra presencia lo que es más importante, sino el mensaje que hemos venido a revelar y la perspectiva y comprensión mayores que podemos proveerles. Su educación debe empezar en algún punto. Toda educación empieza con el deseo de saber.

Esperamos que por medio de nuestros discursos podamos ganar por lo menos parte de su confianza para empezar a revelar lo que hemos venido a ofrecer aquí.

◆

"¿Qué tienen que decir a la gente que ve a la Intervención como algo positivo?"

Primero de todo, entendemos la expectativa de que todas las fuerzas procedentes de los cielos estén relacionadas con su comprensión espiritual, sus tradiciones y sus creencias fundamentales. La idea de que hay vida en el universo es un desafío a estas suposiciones fundamentales. Desde nuestra perspectiva y dada la experiencia de nuestras culturas, nosotros entendemos estas expectativas. En el pasado distante nosotros mismos las mantuvimos. Y sin embargo, tuvimos que abandonarlas al enfrentar las realidades de la vida en la Comunidad Mayor y el significado de la visitación.

Ustedes viven en un gran universo físico que está repleto de vida. Esta vida representa manifestaciones innumerables y también representa la evolución de la inteligencia y la consciencia espiritual a todos los niveles. Esto significa que lo que ustedes encontrarán en la Comunidad Mayor abarcará casi todas las posibilidades.

Sin embargo, ustedes están aislados y no viajan todavía por el espacio. Y aun si tuvieran la capacidad de llegar a otro mundo, el universo es vasto y nadie ha ganado la habilidad de ir de un extremo a otro de la galaxia no importa a qué velocidad. Por tanto, el universo físico permanece enorme e incomprensible. Nadie ha dominado sus leyes. Nadie ha conquistado sus territorios. Nadie puede clamar un dominio o un control completos. La vida tiene una gran capacidad de hacer a uno humilde en este sentido. Aun mucho más allá de sus fronteras esto es cierto.

...lo que ustedes encontrarán en la Comunidad Mayor abarcará casi todas las posibilidades.

Entonces, ustedes deberían esperar conocer inteligencias representando a fuerzas de bien, a fuerzas de ignorancia y a fuerzas que son más neutrales respecto a ustedes. Sin embargo, en las realidades del viaje y la exploración en la Comunidad Mayor, las razas emergentes como la suya, casi sin excepción, encontrarán como primer contacto con la vida de la Comunidad Mayor a exploradores de recursos, a colectivos y a aquellos que están buscando una ventaja para sí mismos.

Respecto a la interpretación positiva de la visita, parte de esta es producto de la expectativa humana y del deseo natural de dar la bienvenida a un resultado feliz, así como de buscar ayuda en la Comunidad Mayor para los problemas que la humanidad no ha podido resolver por sí misma. Es normal esperar estas cosas, particularmente cuando se considera que sus visitantes tienen capacidades mayores que ustedes. Sin embargo, gran parte del problema a la hora de interpretar la gran visitación tiene que ver con la voluntad y los planes de los visitantes mismos, pues ellos están induciendo a personas de todas partes a ver su presencia aquí como algo completamente beneficioso para la humanidad y sus necesidades.

◆

"Si la intervención está tan avanzada, ¿por qué no vinieron ustedes antes?"

En un tiempo pasado, muchos años atrás, varios grupos de sus aliados vinieron a su mundo en un intento de dar un mensaje de esperanza y preparar a la humanidad. Pero su mensaje no pudo comprenderse y fue mal utilizado por aquellos pocos que pudieron recibirlo. Tras su llegada los visitantes de los colectivos se han concentrado y establecido aquí. Nosotros sabíamos que esto ocurriría, porque su mundo es demasiado valioso para no ser tenido en cuenta y como hemos dicho no está ubicado en una parte remota del Universo. Su mundo ha sido observado durante mucho tiempo por aquellos que intentan utilizarlo para sus propios fines.

◆

"¿Por qué nuestros aliados no pueden detener la Intervención?"

Nosotros estamos aquí solo para observar y advertir. Las grandes decisiones que la humanidad enfrenta están en sus manos. Nadie más puede tomar la decisión por ustedes. Ni siquiera sus grandes amigos de lejos de su mundo intervendrían, porque si lo hicieran su mundo se convertiría en un campo de batalla entre fuerzas opositoras. Y aunque sus amigos fueran victoriosos, ustedes terminarían siendo dependientes de ellos, incapaces de protegerse y de mantener su propia seguridad en el universo. No sabemos de ninguna raza benevolente que quiera tener este peso a sus espaldas. Y en verdad esto tampoco les serviría a ustedes. Porque terminarían siendo un estado cliente de algún otro poder y tendrían que ser gobernados desde afuera. Esto no es beneficioso para ustedes bajo ninguna circunstancia y es por eso que no está ocurriendo. Y aun así los visitantes se presentarán a sí mismos como los salvadores y rescatadores de la humanidad. Ellos aprovecharán su ingenuidad. Ellos capitalizarán sus expectativas e intentarán beneficiarse de esta confianza. Por eso, es nuestro sincero deseo que nuestras palabras puedan servir como un antídoto a la presencia, la manipulación y el abuso de la Intervención. Porque sus derechos están siendo violados. Su territorio está siendo infiltrado. Sus gobiernos están siendo persuadidos. Y sus ideologías e impulsos religiosos están siendo direccionados.

> Las grandes decisiones que la humanidad enfrenta están en sus manos. Nadie más puede tomar la decisión por ustedes.

Tiene que haber una voz hablando a favor de la verdad en relación a esto. Y solo podemos confiar en que recibirán esta voz hablando a favor de la verdad. Solo podemos esperar que la persuasión no haya llegado tan lejos.

◆

"¿Cuáles son las metas reales que podemos proponernos, y qué es lo primordial respecto a prevenir la perdida de nuestra autosuficiencia?"

El primer paso es la consciencia. Mucha gente debe tomar consciencia de que la Tierra está siendo visitada y de que hay fuerzas extranjeras que están operando clandestinamente, intentando esconder del entendimiento humano sus planes y propósitos. Debe estar muy claro que su presencia aquí es un gran reto a la libertad y a la autodeterminación de la humanidad. El plan que ellos están expandiendo y el Programa de Pacificación que promueven deben ser contrarrestados con sobriedad y sabiduría respecto a su presencia. Esta oposición debe ocurrir. Hay mucha gente hoy en el mundo que es capaz de entender esto. Por eso, el primer paso es la consciencia.

El segundo paso es la educación. Es necesario para mucha gente, en diferentes culturas y naciones, aprender sobre la vida en la Comunidad Mayor y empezar a comprender lo que van a estar enfrentando y están enfrentando incluso en la actualidad.

Por tanto, metas realistas son la consciencia y la educación. Esto por sí mismo obstruiría los planes de los visitantes en su mundo. Ellos están operando ahora mismo con poca resistencia. Están encontrando pocos obstáculos. Todos aquellos que quieran verlos como "aliados de la humanidad" tienen que entender que esto no es correcto. Quizás nuestras palabras no basten, pero son un comienzo.

> ...metas realistas son la consciencia y la educación. Esto por sí mismo obstruiría los planes de los visitantes en su mundo. Ellos están operando ahora mismo con poca resistencia.

◆

"¿Dónde podemos encontrar esta educación?"

La educación puede ser encontrada en El Camino del Conocimiento de la Comunidad Mayor que se está presentando actualmente en el mundo. Aunque esta enseñanza presenta un nuevo entendimiento sobre la vida y la espiritualidad en el Universo, ella está conectada con todos los caminos espirituales genuinos que ya existen en el mundo —caminos espirituales que valoran la libertad humana y el significado de la espiritualidad verdadera, y que valoran la cooperación, la paz y la armonía dentro de la familia humana—.

Por lo tanto, la enseñanza en El Camino del Conocimiento hace una llamada a todas las grandes verdades que ya existen en su mundo y les da un contexto mayor, así como un tablero de expresión. El Camino del Conocimiento de la Comunidad Mayor no reemplaza a las religiones del mundo, sino que provee un contexto más amplio donde las mismas puedan ser verdaderamente significativas y relevantes para su presente.

◆

"¿Cómo compartimos su mensaje con otros?"

La verdad vive dentro de cada persona en este momento. Si uno puede hablar a la verdad en una persona, la verdad se fortalecerá y comenzará a resonar. Nuestra gran esperanza, la esperanza de Los Invisibles —las fuerzas espirituales que sirven a su mundo—, y la esperanza de aquellos que valoran la libertad humana y desean ver a la humanidad emergiendo a la Comunidad Mayor de forma exitosa, dependen de la verdad que vive dentro de cada persona. Nosotros no podemos forzar esta consciencia sobre ustedes. Solo podemos revelársela y confiar en la grandeza del Conocimiento que el Creador les ha dado y que puede permitirles a ustedes y a otros responder.

◆

"¿Dónde se encuentran las fortalezas de la humanidad
a la hora de resistir la Intervención?"

Primeramente, nosotros entendemos observando su mundo, y de acuerdo a lo que Los Invisibles nos han dicho acerca de cosas que no podemos ver, que a pesar de que hay grandes problemas en el mundo, existe suficiente libertad humana para darles una fundación desde la que oponerse a la Intervención. Esto está en contraste con muchos otros mundos donde la libertad nunca fue establecida siquiera. A medida que estos mundos encaran fuerzas extraterrestres entre los suyos y las realidades de la vida en la Comunidad Mayor, su posibilidad de establecer la libertad y la independencia es muy limitada.

Por lo tanto, ustedes tienen una gran fortaleza en el hecho de que la libertad humana sea conocida en su mundo y valorada por muchos, aunque quizá no por todos. Ustedes saben que tienen algo que perder. Ustedes valoran lo que ya tienen, en cualquier grado en que se haya establecido. Ustedes no quieren ser gobernados por poderes extranjeros. Ustedes ni siquiera quieren ser gobernados cruelmente por sus autoridades humanas. Por lo tanto, esto es un comienzo.

Siguiente, debido a que su mundo es rico en tradiciones espirituales que han fomentado el Conocimiento en el individuo así como la cooperación y el entendimiento humanos, la realidad del Conocimiento ya ha sido establecida. De nuevo, en otros mundos donde el Conocimiento no ha sido establecido nunca, la posibilidad de establecerlo en el momento decisivo de emerger a la Comunidad

Mayor tiene poca esperanza de éxito. Aquí el Conocimiento es lo suficientemente fuerte en suficientes personas para que puedan aprender acerca de la realidad de la vida en la Comunidad Mayor y comprendan lo que esta ocurriendo entre los suyos en este momento. Es por esta razón que nosotros estamos esperanzados, porque confiamos en la sabiduría humana. Confiamos en que la gente pueda elevarse por encima del egoísmo, la autopreocupación y la autoprotección para ver la vida de una manera mayor y sentir una mayor responsabilidad en el servicio a sus semejantes.

Quizás nuestra fe es infundada, pero confiamos en que Los Invisibles nos han aconsejado sabiamente al respecto. Como resultado, nosotros nos hemos puesto en peligro para estar en las proximidades de su mundo y ser testigos de los eventos fuera de sus fronteras que tienen una directa relevancia para su futuro y su destino.

La humanidad tiene una gran promesa. Ustedes tienen una consciencia creciente de los problemas del mundo —la falta de cooperación entre las naciones, la degradación de su medio ambiente, la disminución de sus recursos, etc.—. Si estos problemas no se conocieran entre su gente, si estas realidades se mantuviesen escondidas y la gente no tuviera idea de su existencia, entonces nosotros no estaríamos tan esperanzados. Sin embargo, la realidad es que la humanidad tiene el potencial y la promesa de contrarrestar cualquier intervención en el mundo.

◆

"¿Se convertirá esta Intervención en una invasión militar?"

Como hemos dicho, su mundo es demasiado valioso para

incitar una invasión militar. Nadie entre los que visitan su mundo quiere destruir su infraestructura o sus recursos naturales. Por eso los visitantes no buscan destruir a la humanidad; en su lugar quieren comprometer a la humanidad en servicio a su colectivo.

Lo que les amenaza no es una invasión militar. Es el poder del inducimiento y la persuasión. Este poder se construirá sobre su propia debilidad, sobre su propio egoísmo, sobre su ignorancia respecto a la vida en la Comunidad Mayor y sobre su optimismo ciego con respecto a su futuro y el significado de la vida más allá de sus fronteras.

Para contrarrestarlo, nosotros proporcionamos la educación y hablamos de los medios de preparación que están enviándose al mundo en este momento. Si ustedes no conocieran ya la libertad humana, si no estuvieran ya enterados de los problemas endémicos de su mundo, entonces nosotros no podríamos confiarles una preparación así. Y no tendríamos confianza en que nuestras palabras pudiesen resonar con la verdad de lo que ustedes saben.

> Lo que les amenaza no es una invasión militar. Es el poder del inducimiento y la persuasión.

◆

"¿Pueden ustedes influenciar a las personas tan poderosamente como lo hacen los visitantes, pero para bien?"

Nuestra intención no es influir a individuos. Nuestra intención es solo presentar el problema y la realidad a la que ustedes están entrando. Los Invisibles proporcionan los verdaderos medios de preparación, los cuales vienen del Creador de toda vida. En esto, Los Invisibles influyen a los individuos para bien. Pero existen restricciones. Como hemos dicho, es su autodeterminación lo que debe ser reforzado. Es su poder lo que debe ser aumentado. Es la cooperación entre la familia humana lo que debe ser apoyado.

Existen límites respecto a cuánta ayuda podemos proporcionar. Nuestro grupo es pequeño. No estamos físicamente entre ustedes. Por lo tanto, la gran comprensión de su nueva realidad debe compartirse de persona a persona. No puede forzarse sobre ustedes por parte de un poder extranjero, ni siquiera por su propio bien. Nosotros, entonces, no estaríamos apoyando su libertad y su autodeterminación si patrocinásemos un programa de persuasión así. Aquí ustedes no pueden ser como niños. Deben volverse maduros y responsables. Es su libertad lo que está en juego. Es su mundo lo que está en juego. Es su cooperación mutua lo que se necesita.

Ustedes tienen ahora una gran causa para unir a su raza, porque ninguno de ustedes se beneficiará sin el otro. Ninguna nación se beneficiará si cualquier otra nación cae bajo el control extranjero. La libertad humana debe ser completa. La cooperación debe ocurrir por todo su mundo, pues todos están ahora en la misma situación. Los visitantes no favorecen a un grupo sobre otro, a una raza sobre otra o a una nación sobre otra. Ellos solo buscan la vía de menor resistencia para establecer su presencia y su dominación en su mundo.

◆

"¿Cuán extensa es su infiltración de la humanidad?"

Los visitantes tienen una presencia significativa dentro de las naciones más avanzadas de su mundo, especialmente en las naciones de Europa, Rusia, Japón y Estados Unidos. Estas naciones son vistas como las más fuertes, las que poseen un poder y una influencia mayores. Es en ellas donde los visitantes se concentrarán.

Sin embargo, ellos toman a personas de todo el mundo y están avanzando su Programa de Pacificación con todos aquellos a los que capturan, si esos individuos pueden ser receptivos a su influencia. Por lo tanto, la presencia de los visitantes es global, pero se concentran en aquellos que ellos esperan llegarán a ser sus aliados. Estos son los líderes de las naciones, los gobiernos y las religiones que tienen más poder e influencia sobre el pensamiento y la convicción humanos.

◆

"¿Cuánto tiempo tenemos?"

¿Cuánto tiempo tienen? Ustedes tienen tiempo; cuánto, nosotros no podemos decir. Pero venimos con un mensaje urgente. Esto no es un problema que simplemente pueda ser evitado o negado. Desde nuestra perspectiva es el desafío más importante frente a la humanidad. Es la preocupación más grande, la máxima prioridad. Ustedes están atrasados en su preparación. Esto fue causado por muchos factores ajenos a nuestra voluntad. Pero hay tiempo si ustedes pueden responder. El resultado es incierto y aun así todavía hay esperanza para su éxito.

◆

"¿Cómo podemos centrarnos en esta Intervención dada la inmensidad de los otros problemas globales que están ocurriendo en este momento?"

Ante todo, nosotros sentimos que no hay ningún otro problema en el mundo que sea tan importante como este. Desde nuestra perspectiva, cualquier cosa que ustedes puedan resolver por su cuenta tendrá poco significando en el futuro si su libertad se pierde. ¿Qué podrían esperar ganar? ¿Qué podrían esperar lograr o asegurar si ustedes no son libres en la Comunidad Mayor? Todos sus logros serían dados a sus nuevos gobernantes; toda su riqueza les sería concedida a ellos. Y aunque sus visitantes no son crueles, ellos están completamente comprometidos con sus planes. Ustedes son valorados solo en la medida en que puedan ser útiles a su causa. Es por esta razón que nosotros sentimos que no hay ningún otro problema frente a la humanidad que sea tan importante como este.

> ¿Qué podrían esperar lograr o asegurar si ustedes no son libres en la Comunidad Mayor?

◆

"¿Quién podría responder a esta situación?"

Con respecto a quién puede responder, hay muchas personas hoy en el mundo que tienen un conocimiento inherente de la Comunidad Mayor y que son sensibles a ella. Hay muchos otros que han sido tomados por los visitantes pero que no se han rendido a ellos ni a su persuasión. Y hay muchos otros que se preocupan por el futuro del planeta y están alerta respecto a los peligros que la humanidad enfrenta. Las personas en todas o en alguna de estas categorías pueden ser los primeros en responder a la realidad de la Comunidad Mayor y a la preparación de la Comunidad Mayor. Ellos pueden proceder de cualquier ámbito de vida, de cualquier nación, de cualquier trasfondo religioso o de cualquier grupo económico. Están literalmente por todo el mundo. Los grandes Poderes Espirituales que protegen y supervisan el bienestar humano dependen de ellos y de su respuesta.

◆

"Ustedes dicen que se están tomando individuos en todo el mundo. ¿Cómo pueden las personas protegerse a sí mismas o a otros de ser secuestrados?"

Cuanto más fuertes puedan llegar a ser en el Conocimiento y más enterados estén de la presencia de los visitantes, más difícil será que se vuelvan sujetos deseables para su estudio y manipulación. Cuanto más utilicen sus encuentros con ellos para ganar una visión penetrante de *ellos*, más peligrosos ustedes se volverán. Como hemos dicho, ellos buscan el sendero de menor resistencia. Desean a individuos que sean sumisos y fáciles de doblegar. Desean a aquellos que les causen pocos problemas y preocupaciones.

Pero a medida que ustedes se hacen fuertes en el Conocimiento estarán más allá de su control, porque ahora ellos no pueden capturar su mente ni su corazón. Y con el tiempo, ustedes tendrán el poder de percepción para ver en sus mentes, lo cual es algo que ellos no desean. Ustedes entonces se vuelven un peligro para ellos, un desafío, y ellos les evitarán si pueden.

Los visitantes no quieren ser revelados. No desean conflictos. Están excesivamente seguros de que pueden lograr sus objetivos sin resistencia seria por parte de la familia humana. Pero una vez que se genera esta resistencia y el poder del Conocimiento despierta en el individuo, entonces los visitantes se encuentran frente a un obstáculo mucho más formidable. Su intervención aquí es frustrada y se vuelve más

> Cuanto más fuertes puedan llegar a ser en el Conocimiento y más enterados estén de la presencia de los visitantes, más difícil será que se vuelvan sujetos deseables para su estudio y manipulación.

difícil de lograr. Y su persuasión sobre aquellos en el poder se hace más difícil de conseguir. Por lo tanto, es la respuesta del individuo y su compromiso con la verdad lo que es esencial aquí.

Tomen consciencia de la presencia de los visitantes. No se rindan a la persuasión de que su presencia aquí es de naturaleza espiritual o tiene un gran beneficio o representa la salvación para la humanidad. Resistan la persuasión. Recobren su propia autoridad interior, el gran regalo que el Creador les ha dado. Conviértanse en una fuerza a tener en cuenta por parte de cualquiera que entre ilegalmente en contra de sus derechos fundamentales o negándolos.

Esto es expresar el Poder Espiritual. Es la Voluntad del Creador que la humanidad emerja en la Comunidad Mayor unida y libre de la intervención y la dominación extranjeras. Es la voluntad del Creador que ustedes deban prepararse para un futuro que será muy diferente del pasado. Nosotros estamos aquí en servicio al Creador, y así nuestra presencia y nuestras palabras sirven a este propósito.

◆

"Si los visitantes encuentran resistencia en la humanidad o en ciertos individuos, ¿vendrán en números mayores, o por el contrario se marcharan?"

La humanidad está emergiendo de un largo estado de aislamiento relativo.

Sus números no son grandes. Si ellos se encontrasen con una resistencia considerable, tendrían que retroceder y hacer nuevos planes. Ellos tienen plena confianza en que su misión puede ser cumplida sin obstáculos graves. Mas si surgieran obstáculos graves, entonces su intervención y su persuasión serían frustradas y tendrían que encontrar otras maneras de ganar contacto con la humanidad.

Nosotros confiamos en que la familia humana puede generar suficiente resistencia y consenso para contrarrestar estas influencias. Es en esto en lo que basamos nuestra esperanza y nuestros esfuerzos.

◆

"¿Cuáles son las preguntas más importantes que debemos hacernos a nosotros mismos y a otros con respecto a este problema de infiltración extraterrestre?"

> Sus números no son grandes. Si ellos se encontrasen con una resistencia considerable, tendrían que retroceder y hacer nuevos planes.

Quizá las preguntas más críticas que ustedes mismos deben preguntarse son, "¿Estamos nosotros, los humanos, solos dentro del universo o en nuestro propio mundo? ¿Estamos siendo visitados en este momento? ¿Es esta visita beneficiosa para nosotros? ¿Necesitamos prepararnos?"

Estas son preguntas muy fundamentales, pero deben hacerse. Hay muchas preguntas sin embargo que no pueden ser contestadas, porque ustedes no saben lo suficiente acerca de la vida en la Comunidad Mayor y todavía no están seguros de tener la capacidad de contrarrestar estas influencias. Hay muchas cosas ausentes en la educación humana, que se focaliza sobre todo en el pasado. La humanidad está emergiendo de un largo estado de aislamiento relativo. Su educación, sus valores y sus instituciones fueron todos establecidos en este estado de aislamiento. Pero su aislamiento ahora ha terminado, para siempre. Siempre se supo que esto ocurriría. Era inevitable que así fuera. Por lo tanto, su educación y sus valores están entrando en un nuevo contexto, al que se deben adaptar. Y la adaptación debe suceder rápidamente, debido a la naturaleza de la Intervención que hay hoy en el mundo.

Habrá muchas preguntas que ustedes no puedan contestar. Tendrán que vivir con ellas. Su educación acerca de la Comunidad Mayor está solo comenzando. Ustedes deben acercarse a esta educación con gran sobriedad y cuidado. Deben contrarrestar sus propias tendencias de intentar hacer que la situación sea agradable o alentadora. Deben desarrollar una objetividad acerca de la vida y deben mirar más allá de su propia esfera personal de intereses, para ponerse en posición de responder a las fuerzas y los acontecimientos mayores que están dando forma a su mundo y a su futuro.

◆

"¿Qué pasa si no hay suficiente gente que pueda responder?"

Estamos seguros de que hay suficientes personas que pueden responder y empezar su gran educación acerca de la vida en la Comunidad Mayor para dar promesa y esperanza a la familia humana. Si esto no puede lograrse, entonces aquellos que valoran su libertad y que tienen esta educación tendrán que retirarse. Ellos tendrán que mantener el Conocimiento vivo en el mundo a medida que el mundo cae bajo completo control. Esta es una alternativa muy grave, y es algo que ya ha ocurrido en otros mundos. El viaje de regreso a la libertad es bastante difícil. Esperamos que este no sea su destino y por eso les estamos dando aquí esta información. Como hemos dicho, hay suficientes personas en el mundo que pueden responder para contrarrestar las intenciones de los visitantes y frustrar su influencia en los valores y asuntos humanos.

◆

"Ustedes hablaron de otros mundos emergiendo en la Comunidad Mayor. ¿Podrían hablar de los éxitos y fracasos que puedan tener relevancia para nuestra situación?"

Ha habido éxitos, de lo contrario nosotros no estaríamos aquí. En mi caso, como el orador del grupo, nuestro mundo ya había sido infiltrado mucho antes de que nos diéramos cuenta de la situación. Nuestra educación fue incitada por la llegada de un grupo como nosotros mismos, proveyendo perspicacia e información sobre nuestra situación. Tuvimos en nuestro mundo a comerciantes extranjeros de recursos que interactuaban con nuestro gobierno. Aquellos que estaban en el poder fueron persuadidos en aquel momento con la idea de que el negocio y el comercio serían beneficiosos para nosotros, ya que estábamos comenzando a experimentar un agotamiento de los recursos. Aunque a diferencia de su raza la nuestra se unió, nosotros nos volvimos completamente dependientes de la nueva tecnología y de las oportunidades que nos presentaron. Y mientras esto ocurría, hubo un cambio en el centro de poder. Nos estábamos convirtiendo en los clientes. Los visitantes se estaban convirtiendo en los proveedores. Y con el paso del tiempo se pusieron términos y restricciones sobre nosotros, al principio sutilmente.

Nuestro foco y nuestras creencias religiosas fueron también influenciados por los visitantes, que mostraron interés en nuestros valores espirituales, pero desearon darnos una nueva comprensión, una comprensión basada

> Aunque a diferencia de su raza la nuestra se unió, nosotros nos volvimos completamente dependientes de la nueva tecnología y de las oportunidades que nos presentaron.

en el colectivo, basada en la cooperación de las mentes pensando semejantemente y al unísono la una con la otra. Esto fue presentado a nuestra raza como una expresión de espiritualidad y logro. Algunos fueron persuadidos, y aun así, debido a que fuimos bien aconsejados por nuestros aliados de más allá de nuestro mundo —aliados como nosotros mismos somos ahora—, comenzamos a generar un movimiento de resistencia y con el tiempo fuimos capaces de obligar a los visitantes a dejar nuestro mundo.

Desde aquel tiempo hemos aprendido mucho acerca de la Comunidad Mayor. El comercio que mantenemos es muy selectivo, con solo unas pocas naciones. Hemos podido evitar a los colectivos y esto ha preservado nuestra libertad. Pero aun así nuestro éxito fue difícil de lograr, porque hubo muchos de nosotros que tuvieron que morir en este conflicto. Lo nuestro es una historia exitosa, pero no sin costo. Hay otros en nuestro grupo que han experimentado dificultades semejantes en su interacción con los poderes de intervención de la Comunidad Mayor. Y debido a ello nosotros aprendimos finalmente a viajar más allá de nuestras fronteras y ganamos alianzas mutuas. Fuimos capaces de aprender el significado de la espiritualidad en la Comunidad Mayor. Y Los Invisibles, que sirven también a nuestro mundo, nos ayudaron a llevar a cabo la gran transición que es ir desde el aislamiento a la consciencia de la Comunidad Mayor.

Aun así ha habido muchos fracasos de los que somos conscientes. Las culturas donde los pueblos indígenas no habían establecido la libertad personal ni habían probado los frutos de la cooperación no tuvieron una base para establecer su propia independencia en el universo, incluso aunque eran avanzadas tecnológicamente. Su capacidad de resistir a los colectivos fue muy limitada. Inducidas por promesas de mayores poderes, mayor tecnología y mayor riqueza, e inducidas por los beneficios aparentes del comercio en la Comunidad Mayor, su centro de poder abandonó su mundo. Al final, ellos se hicieron totalmente dependientes de aquellos que les suministraban y que ganaron el control de sus recursos y sus infraestructuras.

Seguramente ustedes pueden imaginarse cómo este podría ser el caso. Aun dentro de su propio mundo, según su historia, ustedes han visto a las naciones más pequeñas caer bajo el dominio de las naciones más grandes. Hoy pueden ver esto constantemente. Por lo tanto, estas ideas no les son enteramente extrañas. En la Comunidad Mayor, como en su mundo, el fuerte dominará al débil, si puede. Esta es la realidad de la vida en todas partes. Y es por esta razón que nosotros alentamos su consciencia y su preparación, para que puedan llegar a ser fuertes y su autodeterminación pueda crecer.

Para muchos, aprender y comprender que la libertad es rara en el universo puede ser una grave desilusión. Cuando las naciones se vuelven más fuertes y más tecnológicas requieren una uniformidad y una conformidad cada vez mayores entre su gente. A medida que estas naciones dan el salto a la Comunidad Mayor y se implican en sus asuntos, la tolerancia hacia la expresión individual disminuye, hasta el punto de que las naciones grandes que tienen riqueza y poder son gobernadas con una severidad y una actitud exigente que ustedes encontrarían aborrecible.

Aquí ustedes deben aprender que el avance tecnológico no es lo mismo que el avance espiritual, una lección que la humanidad todavía debe aprender y que ustedes *deben* aprender si desean ejercer su sabiduría natural en estos asuntos.

Su mundo es muy valorado. Es rico biológicamente. Ustedes están sentados en un premio que ustedes deben proteger si quieren ser sus guardianes y sus beneficiarios. Consideren a los pueblos de su mundo que han perdido su libertad porque vivían en un lugar que otros consideraban valioso. Ahora lo que está en peligro es toda la familia humana.

◆

"Puesto que los visitantes son tan hábiles en proyectar pensamientos e influir el Ambiente Mental de las personas, ¿cómo nos aseguramos de que lo que vemos es verdadero?"

La única base para la percepción sabia es el cultivo del Conocimiento. Si ustedes creen solo lo que ven, entonces creerán solo lo que se les muestre. Hay muchos, se nos ha dicho, que tienen esta perspectiva. Pero nosotros hemos aprendido que los sabios de todas partes deben ganar una visión y un discernimiento mayores. Es verdad que sus visitantes pueden proyectar imágenes de sus santos y figuras religiosas. Aunque esto no se practica a menudo, sin duda puede ser utilizado para evocar compromiso y dedicación entre los que ya son propensos a tales creencias. Aquí su espiritualidad se vuelve un área de vulnerabilidad donde debe utilizarse la Sabiduría.

> Consideren a los pueblos de su mundo que han perdido su libertad porque vivían en un lugar que otros consideraban valioso. Ahora lo que está en peligro es toda la familia humana.

Pero el Creador les ha dado el Conocimiento como una base para el discernimiento verdadero. Ustedes pueden saber lo que están viendo si se preguntan a sí mismos si es verdadero. Pero para hacerlo ustedes deben tener esta fundación, y por eso la enseñanza en El Camino del Conocimiento es tan fundamental para aprender la Espiritualidad de la Comunidad Mayor. Sin ella, las personas creerán lo que quieran creer y dependerán de lo que ven y lo que se les muestre. Y su potencial para la libertad habrá sido ya perdido, porque nunca se le habrá permitido prosperar en primer lugar.

◆

"Ustedes hablan de mantener el Conocimiento vivo, ¿cuántas personas se necesitarán para mantener el Conocimiento vivo en el mundo?"

No les podemos dar un número, pero debe ser lo suficientemente fuerte para generar una voz dentro de sus propias culturas. Si este mensaje solo puede ser recibido por unos pocos, ellos no tendrán ni esta voz ni esta fuerza. Aquí ellos deben compartir su sabiduría. No puede ser puramente para su propia edificación. Muchos más deben aprender de este mensaje, muchos más de los que hoy pueden recibirlo.

◆

"¿Existe peligro en presentar este mensaje?"

Siempre existe peligro en presentar la verdad, no solo en su mundo, sino en todas partes. Las personas sacan ventaja de las circunstancias tal y como estas existen actualmente. Los visitantes ofrecerán ventajas a aquellos en el poder que puedan recibirles y que no sean fuertes en el Conocimiento. Las personas se acostumbran a estas ventajas y construyen sus vidas sobre ellas. Esto las hace resistentes e incluso hostiles a la presentación de la verdad, que llama a su responsabilidad en el servicio a otros y puede amenazar la base de su riqueza y sus logros.

Esta es la razón por la que nosotros estamos ocultos y no estamos presentes en su mundo. Ciertamente los visitantes nos destruirían si pudieran encontrarnos. Pero la humanidad también puede tratar de destruirnos debido a lo que representamos, debido al desafío y la nueva realidad que demostramos. No todos están listos para recibir la verdad, incluso aunque sea muy necesaria.

◆

"¿Pueden los individuos que sean fuertes en el Conocimiento influenciar a los visitantes?"

La oportunidad de éxito aquí es muy limitada. Ustedes están tratando con un colectivo de seres que han sido criados para ser sumisos, cuya vida y experiencia en su totalidad han sido abarcadas y engendradas por una mentalidad colectiva. Ellos no piensan por sí mismos. Por esta razón, nosotros sentimos que ustedes no les pueden influenciar. Hay pocos entre la familia humana que tengan la fuerza para hacerlo, e incluso en este caso la posibilidad de éxito sería muy limitada. Así que la respuesta debe ser "No". Para todos los propósitos prácticos, ustedes no pueden convencerles.

> Siempre existe peligro en presentar la verdad, no solo en su mundo, sino en todas partes.

◆

"¿En qué son diferentes los colectivos respecto a una humanidad unida?"

Los colectivos están compuestos de diferentes razas y de aquellos que son criados para servir a esas razas. Muchos de los seres que están siendo encontrados en el mundo son criados por el colectivo para ser sirvientes. Ellos han perdido su herencia genética hace ya mucho tiempo. Ellos son criados para servir, tal y como ustedes crían animales para que les sirvan. La cooperación humana que nosotros promovemos es una cooperación que preserva la autodeterminación de los individuos y proporciona una posición de fuerza desde la que la humanidad puede interactuar no solo con el colectivo, sino también con otros que visitarán sus orillas en el futuro.

Un colectivo se basa en una creencia, un conjunto de principios y una autoridad. Su énfasis está en la lealtad completa a una idea o a un ideal. No solo se engendra esto en la educación de sus visitantes, sino también en su código genético. Por eso se comportan de la manera en que lo hacen. Esto representa su fuerza y su debilidad. Ellos tienen gran fuerza en el Ambiente Mental, porque sus mentes están unidas. Pero ellos son débiles, ya que no pueden pensar por sí mismos. No pueden tratar con complejidades ni adversidades de forma muy exitosa. Un hombre o una mujer con Conocimiento serían incompresibles para ellos.

La humanidad debe unirse para preservar su libertad, pero esto es un establecimiento muy diferente de la creación de un colectivo. Nosotros los llamamos "colectivos" porque son colectivos de razas y nacionalidades diferentes. Los colectivos no son una única raza. Aunque hay muchas razas en la Comunidad Mayor que son gobernadas por una autoridad dominante, un colectivo es una organización que se extiende más allá de la lealtad de una raza a su propio mundo.

Los colectivos pueden tener un gran poder. Pero como hay muchos ellos tienden a enfrentarse, lo que previene que cualquiera de ellos llegue a ser dominante. Además, varias naciones en la Comunidad Mayor tienen viejas disputas entre sí que son difíciles de resolver. Quizás ellas han estado compitiendo durante mucho tiempo por los mismos recursos. Quizás compiten para vender los recursos que tienen. Pero un colectivo es un asunto diferente. Como estamos diciendo aquí, un colectivo no está basado en una raza y un mundo. Son el resultado de conquistas y dominación. Es por esta razón que sus visitantes están formados por diferentes razas de seres en niveles diferentes de autoridad y orden.

◆

"En otros mundos que se han unificado exitosamente, ¿se ha mantenido su libertad individual de pensamiento?"

En grados variables. Algunos lo hicieron en un grado muy alto y otros no tanto, dependiendo de su historia, su psicología y las necesidades de su propia supervivencia. Su vida en el mundo ha sido relativamente fácil comparada con la de otras razas en sus lugares de origen. La mayoría de lugares donde existe vida inteligente han sido colonizados, ya que no hay muchos planetas terrestres como el suyo que proporcionen tal abundancia de recursos biológicos. Su libertad, en gran parte, dependió de la riqueza de sus medioambientes. Pero todos han tenido éxito en frustrar la infiltración extranjera y han establecido sus propias líneas de comercio, un comercio y una comunicación basados en su propia autodeterminación. Esto es un logro infrecuente y debe ser ganado y protegido.

◆

"¿Qué se necesitará para lograr la unidad humana?"

La humanidad es muy vulnerable en la Comunidad Mayor. Esta vulnerabilidad, con el tiempo, puede fomentar una cooperación fundamental entre la familia humana, porque ustedes deben unirse para poder sobrevivir y avanzar. Esto forma parte de tener una consciencia de la Comunidad Mayor. Si esto se basa en los principios de la contribución, la libertad y la expresión personal humanas, entonces su autosuficiencia puede llegar a ser muy fuerte y muy rica. Pero debe haber una mayor cooperación en el mundo. Las personas no pueden vivir para sí mismas ni poner sus propios objetivos personales por encima de las necesidades de los demás. Algunos pueden ver esto como una pérdida de libertad. Nosotros lo vemos como una garantía para la futura libertad. Pero dadas las actitudes que hoy predominan en el mundo, su futura libertad sería muy difícil de asegurar o mantener. Presten atención. Aquellos que son guiados por su propio egoísmo son candidatos perfectos para la influencia y la manipulación extranjeras. Si están en posiciones de poder entregarán la riqueza, la libertad y los recursos de su nación para obtener una ventaja para sí mismos.

Por consiguiente, se requiere una mayor cooperación. Seguramente ustedes pueden verlo. Seguramente esto es aparente incluso en su propio mundo. Pero esto es muy diferente a la vida del colectivo, donde se han dominado y controlado razas, donde los que son sumisos son traídos al colectivo y los que no son enajenados o destruidos. Sin duda, aunque un establecimiento de esta clase pueda tener una influencia considerable, no puede ser beneficioso para sus miembros. Y aun así este es el sendero que muchos en la Comunidad Mayor han tomado. Nosotros no deseamos ver a la humanidad cayendo en una organización de esta clase. Eso sería una gran tragedia y una pérdida.

◆

"¿En qué se diferencia la perspectiva humana de la suya?"

Una de las diferencias es que nosotros hemos desarrollado una perspectiva de la Comunidad Mayor, que es una manera menos egocéntrica de mirar el mundo. Es un punto de vista que da gran claridad y puede proporcionar gran certeza respecto a los problemas más pequeños que ustedes encaran en sus asuntos diarios. Si pueden resolver un gran problema, entonces pueden resolver problemas menores. Ustedes tienen un gran problema. Cada ser humano que está en el mundo encara este gran problema. Este puede unirles y permitirles vencer sus diferencias y conflictos antiguos. Así de grande y poderoso es. Es por ello que decimos que existe una posibilidad para la redención dentro de las mismas circunstancias que amenazan su bienestar y su futuro.

Nosotros sabemos que el poder del Conocimiento dentro del individuo puede restaurar al individuo y a todas sus relaciones a un grado más alto de logro, reconocimiento y capacidad. Ustedes deben descubrir esto por sí mismos.

Nuestras vidas son muy diferentes. Una de las diferencias es que nuestras vidas están entregadas al servicio, un servicio que nosotros hemos escogido. Tenemos la libertad de escoger, y así nuestra elección es verdadera y significativa y se basa en nuestra propia comprensión. Dentro de nuestro grupo hay representantes de varios mundos diferentes. Nos hemos reunido en servicio a la humanidad. Representamos a una alianza mayor que es más espiritual en su naturaleza.

> Ustedes tienen un gran problema. Cada ser humano que está en el mundo encara este gran problema. Este puede unirles y permitirles vencer sus diferencias y conflictos antiguos. Así de grande y poderoso es.

◆

"Este mensaje está viniendo a través de un solo hombre. ¿Por qué ustedes no contactan a otras personas, si es tan importante?"

Es simplemente un asunto de eficiencia. Nosotros no controlamos quién es seleccionado para recibirnos. Eso es asunto de Los Invisibles, aquellos a quienes ustedes podrían llamar correctamente "Ángeles". Nosotros pensamos en ellos de esta manera. Ellos han seleccionado a esta persona, una persona que no tiene una posición en el mundo, que no es reconocida en el mundo, un individuo que ha sido escogido debido a sus cualidades y debido a su herencia en la Comunidad Mayor.

Nosotros nos alegramos de tener a alguien a través de quien poder hablar. Si hablásemos a través de más individuos, ellos tal vez disentirían entre sí y el mensaje acabaría confuso y perdido.

Desde nuestra propia educación comprendemos que la transmisión de sabiduría espiritual generalmente se da a través de un único individuo, con el apoyo de otros. Este individuo debe soportar el peso, la carga y el riesgo de ser escogido. Nosotros le respetamos por hacerlo y comprendemos la carga que puede llegar a ser. Esto será malinterpretado, quizás, y es por eso que los Sabios deben permanecer ocultos. Nosotros debemos permanecer ocultos. Él debe permanecer oculto. De esta manera el mensaje puede entregarse y el mensajero puede ser preservado. Porque habrá hostilidad hacia este mensaje. Los visitantes se opondrán y ya se están oponiendo. Su oposición puede ser significativa, pero será apuntada principalmente al propio mensajero. Es por esta razón que el mensajero debe ser protegido.

Sabemos que las respuestas a estas preguntas generarán más preguntas. Y muchas de estas preguntas no podrán ser contestadas, tal vez incluso durante mucho tiempo. Los Sabios en todas partes deben vivir con preguntas que no pueden todavía contestar. Es por su paciencia y su perseverancia que las respuestas verdaderas surgen y que ellos pueden experimentarlas y personificarlas.

La humanidad se encuentra en un nuevo comienzo. Afronta una grave situación. La necesidad de una educación y un entendimiento nuevos es primordial. Nosotros estamos aquí para servir a esta necesidad a petición de Los Invisibles. Ellos confían en que nosotros compartamos nuestra sabiduría, pues vivimos en el universo físico al igual que ustedes. Nosotros no somos seres angélicos. No somos perfectos. No hemos logrado altas cotas de logro y consciencia espiritual. Y por tanto, confiamos en que nuestro mensaje para ustedes acerca de la Comunidad Mayor será más relevante y más fácilmente recibido. Los Invisibles saben mucho más que nosotros sobre la vida en el universo y sobre los niveles de avance y logro que están disponibles y son practicados en muchos lugares. Pero nos han pedido que hablemos acerca de la realidad de la vida física, porque nosotros estamos plenamente involucrados en ella. Y hemos aprendido, a través de nuestros propios padecimientos y errores, de la importancia y el significado de lo que estamos compartiendo con ustedes.

Así que nosotros venimos como los Aliados de los Humanidad, pues tales somos. Estén agradecidos de tener aliados que pueden ayudarles y educarles, así como apoyar su fortaleza, su libertad y su logro. Pues sin esta asistencia, la posibilidad de que ustedes sobreviviesen el tipo de infiltración alienígena que están ahora experimentando sería muy limitada. Sí, habría unos pocos individuos que llegarían a darse cuenta de la situación tal y como realmente es, pero sus números no serían suficientemente grandes y sus voces no serían escuchadas.

En esto, tan solo podemos pedirles su confianza. Esperamos que mediante la sabiduría de nuestras palabras y mediante las oportunidades que ustedes tienen para aprender su significado y su relevancia, podamos ganar con el tiempo esta confianza, pues ustedes tienen aliados en la Comunidad Mayor. Tienen grandes amigos más allá de este mundo, amigos que han sufrido los desafíos que ustedes están enfrentando ahora y han tenido éxito. Debido a que nosotros fuimos asistidos, debemos ahora asistir a otros. Este es nuestro sagrado pacto. Es con esto que estamos firmemente comprometidos.

LA SOLUCIÓN

EN ESENCIA,
LA SOLUCIÓN A LA INTERVENCIÓN NO ESTÁ EN
LA TECNOLOGÍA, LA POLÍTICA O LA FUERZA MILITAR.

Está en la renovación del espíritu humano.

Está en que la gente se haga consciente de la Intervención y hable contra ella.

Está en acabar con el aislamiento y la amenaza de ridículo que retiene a las personas a la hora de expresar lo que ellas ven y saben.

Está en vencer el miedo, la evitación, la fantasía y el engaño.

Está en que la gente se haga fuerte, consciente y empoderada.

Los Aliados de la Humanidad proveen el consejo clave que nos permite reconocer la Intervención y rechazar sus influencias. Para hacerlo, los Aliados nos urgen a ejercer nuestra inteligencia nativa y nuestro derecho a cumplir nuestro destino como una raza libre en la Comunidad Mayor.

Es tiempo de comenzar.

HAY UNA NUEVA ESPERANZA
EN EL MUNDO

La esperanza en el mundo es reavivada por aquellos que se hacen fuertes en el Conocimiento. La esperanza puede desvanecerse y luego ser encendida de nuevo. Puede parecer que viene y se va, dependiendo de cómo la gente es influida y qué elige para sí misma. La esperanza descansa en ti. Que Los Invisibles estén aquí no significa que haya esperanza, pues sin ti no habría esperanza. Porque tú y otros como tú estáis trayendo una nueva esperanza al mundo, ya que estáis aprendiendo a recibir el regalo del Conocimiento. Esto trae una nueva esperanza al mundo. Quizá no puedas ver esto por completo en este momento. Quizá parezca estar más allá de tu comprensión. Pero desde una perspectiva mayor, esto es muy cierto y muy importante.

La emergencia del mundo a la Comunidad Mayor apela a esto, pues si nadie estuviera preparándose para la Comunidad Mayor, bueno, entonces la esperanza parecería desvanecerse. Y el destino de la humanidad parecería ser completamente predecible. Pero debido a que hay esperanza en el mundo, debido a que hay esperanza en ti y en otros como tú que están respondiendo a una llamada mayor, el destino de la humanidad tiene una mayor promesa y la libertad de la humanidad bien puede ser asegurada todavía.

◆

TOMADO DE *PASOS AL CONOCIMIENTO*

Resistencia

y

Empoderamiento

◆

RESISTENCIA Y EMPODERAMIENTO

La Ética del Contacto

Los Aliados nos animan continuamente a discernir la Intervención extraterrestre que está ocurriendo hoy en el mundo y a tomar un papel activo de oposición a ella. Esto incluye discernir nuestros derechos y prioridades como la gente nativa de este mundo, así como el establecimiento de nuestras propias Reglas de Interacción respecto a todo contacto presente y futuro con otras razas de seres.

Observar el mundo natural y el pasado de la historia humana nos demuestra suficientemente las lecciones de la intervención: que la competencia por los recursos es parte integral de la naturaleza, que la intervención de una cultura sobre otra siempre se lleva a cabo por el interés propio y tiene un impacto destructivo en la cultura y la libertad de la gente que es descubierta, y que el fuerte siempre domina al débil, si puede.

Aunque es concebible que las razas extraterrestres que hoy visitan nuestro mundo puedan ser una excepción a esta regla, tal excepción debería probarse más allá de cualquier duda razonable mediante la concesión a la humanidad del derecho a evaluar cualquier propuesta de visita. Esto sin duda no ha sucedido. Muy al contrario, en la experiencia de la humanidad con el Contacto hasta la fecha se ha obviado nuestra autoridad y nuestros derechos privados como la gente nativa de este mundo. Los "visitantes" han seguido sus propios planes sin tener en cuenta la aprobación o la participación informada de la humanidad.

Como claramente indican tanto los Discursos de los Aliados como gran parte de las investigaciones sobre ovnis y extraterrestres, no se está produciendo un contacto ético. Aunque pueda ser apropiado que una raza extranjera comparta con nosotros su experiencia y su sabiduría desde la distancia, como han hecho los Aliados, no es apropiado que las razas vengan aquí sin invitación e intenten interferir en las actividades humanas, incluso con la apariencia de ayudarnos. No es ético hacer esto, dado el actual nivel de desarrollo de la humanidad como raza joven.

La humanidad no ha tenido la oportunidad de establecer sus propias Reglas de Interacción ni de crear las fronteras que cada raza nativa debe establecer para su propia seguridad. Hacer esto fomentaría la unidad humana y la cooperación, porque tendríamos que unirnos para lograrlo. Esta acción requeriría la consciencia de que somos una misma gente compartiendo un mundo, que no estamos solos en el Universo, y que nuestras fronteras en el espacio deben establecerse y protegerse. Trágicamente, este necesario proceso de desarrollo está siendo ahora obviado.

Los Discursos de los Aliados se enviaron para alentar la preparación de la humanidad de cara a las realidades de la vida en la Comunidad Mayor. De hecho, el mensaje de los Aliados a la humanidad es una demostración de lo que es realmente un contacto ético. Ellos están manteniendo un acercamiento de no intervención, respetando nuestras capacidades y nuestra autoridad nativa, a la vez que alientan la libertad y la unidad que la familia humana necesitará para navegar su futuro en la Comunidad Mayor. Mientras que hoy mucha gente duda de que la humanidad tenga el poder y la integridad necesarios para satisfacer sus propias necesidades y superar los desafíos en el futuro, los Aliados nos aseguran que este poder, el poder espiritual del Conocimiento, reside en todos nosotros y que debemos usarlo en nuestro beneficio.

La preparación para emerger a la Comunidad Mayor ha sido dada a la humanidad. Los tres conjuntos de Discursos de los Aliados de la Humanidad y los libros del Camino del Conocimiento de la Comunidad Mayor están disponibles para los lectores de todas partes. Pueden verse en www.alliesofhumanity.org y en www. newmessage.org. Juntos proporcionan los medios para contrarrestar la Intervención y encarar nuestro futuro en un mundo cambiante en el umbral del espacio. Esta es la única preparación de este tipo que hay en el mundo. Es la preparación precisa que los Aliados han pedido.

En respuesta a los Discursos de los Aliados, un grupo de lectores dedicados han elaborado un documento titulado *Declaración de la Soberanía Humana*. Basada en la *Declaración de Independencia de los Estados Unidos,* la *Declaración de la Soberanía Humana* se propone establecer la Ética del Contacto y las Reglas de Interacción que nosotros, como nativos del mundo, necesitamos ahora desesperadamente para preservar la libertad y la soberanía humanas. Como la gente indígena de este mundo, tenemos el derecho y la responsabilidad de determinar cuándo y cómo sucederán las visitas y quién puede entrar en nuestro mundo. Debemos dar a conocer a todas las naciones y grupos en el Universo que son conscientes de nuestra existencia, que nosotros somos autodeterminados y tenemos la intención de ejercer nuestros derechos y responsabilidades como raza emergente de gente libre en la Comunidad Mayor. La *Declaración de la Soberanía Humana* es un comienzo y puede leerse en www.humansovereignty.org/es/.

RESISTENCIA Y EMPODERAMIENTO

Emprender Acción: qué puedes hacer

Los Aliados nos piden que nos posicionemos en pos del bienestar de nuestro mundo para llegar a ser, en esencia, unos Aliados de la Humanidad nosotros mismos. Pero para que este compromiso sea real debe venir desde nuestra consciencia, desde lo más profundo de nosotros. Hay muchas cosas que podemos hacer personalmente para rechazar la Intervención y convertirnos en una fuerza positiva, fortaleciéndonos a nosotros mismos y a los demás a nuestro alrededor.

Algunos lectores han expresado sentimientos de desesperanza después de leer el material de los Aliados. Si esta es tu experiencia, es importante recordar que la intención de la Intervención es influir en ti para que te sientas o bien sumiso y esperanzado o bien desamparado e impotente ante su presencia. No te permitas ser persuadido de este modo. Encuentra tu fortaleza poniéndote en acción. ¿Qué es lo que realmente puedes hacer? Hay mucho que puedes hacer.

◆

Edúcate.

La preparación debe comenzar con la consciencia y la educación.

Debes tener una comprensión de aquello con lo que estás tratando. Edúcate sobre el fenómeno ovni/extraterrestre. Edúcate sobre los últimos descubrimientos de la ciencia planetaria y la astrobiología que están saliendo a la luz.

◆

Resiste la influencia del Programa de Pacificación.

Resiste el Programa de Pacificación. Resiste la influencia que busca volverte apático e impasible respecto a tu propio Conocimiento. Resiste la Intervención mediante la consciencia, la proclamación y el entendimiento. Promueve la cooperación, la unidad y la integridad humanas.

◆

Toma consciencia del Ambiente Mental.

El Ambiente Mental es el ambiente de pensamientos e influencia en el que todos vivimos. Su efecto sobre nuestros pensamientos, emociones y acciones es incluso mayor que el efecto del ambiente físico. El Ambiente Mental está ahora siendo afectado e influenciado directamente por la Intervención. También está siendo afectado por el gobierno y los intereses comerciales a nuestro alrededor. Tomar consciencia del Ambiente Mental es crucial para mantener tu propia libertad de pensar libre y claramente. El primer paso que puedes dar es elegir conscientemente quién y qué está influyendo en tus pensamientos y decisiones a través de los estímulos que recibes del exterior. Esto incluye a los medios de comunicación, a los libros y a los amigos convincentes, a la familia y a las figuras de autoridad. Establece tus propias directrices y aprende cómo determinar claramente, con discernimiento y objetividad, lo que otra gente e incluso la cultura en general te está diciendo. Cada uno de nosotros debe aprender a discernir conscientemente estas influencias para proteger y elevar el Ambiente Mental en el que vivimos.

◆

Estudia El Camino del Conocimiento de la Comunidad Mayor.

Aprender El Camino del Conocimiento de la Comunidad Mayor te pone en contacto directo con la mente espiritual más profunda que el Creador de toda vida ha puesto dentro de ti. Es al nivel de esta mente más profunda más allá de nuestro intelecto, al nivel del Conocimiento, donde estás a salvo de la interferencia y la manipulación de cualquier poder mundano o de la Comunidad Mayor. El Conocimiento también mantiene para ti tu propósito espiritual mayor para venir a la Tierra en este tiempo. Es el centro mismo de tu espiritualidad. Puedes empezar hoy tu viaje en El Camino del Conocimiento de la Comunidad Mayor empezando a estudiar los Pasos al Conocimiento (Steps to Knowledge) en línea en www.newmessage.org.

◆

Forma un grupo de lectura de Los Aliados.

Para crear un ambiente positivo en donde el material de los Aliados pueda ser considerado en profundidad, únete a otros para formar un grupo de lectura de Los Aliados. Hemos visto que cuando la gente lee en voz alta los Discursos de los Aliados y los libros del Camino del Conocimiento de la Comunidad Mayor con otros —en un grupo de apoyo donde tienen la libertad de compartir preguntas y reflexiones sobre la marcha—, su comprensión del material crece significativamente. Esta es una manera de empezar a encontrar a otros para compartir tu consciencia y el deseo de conocer la verdad sobre la Intervención. Puedes empezar con solo una persona.

◆

Preserva y protege el ambiente.

Con cada día que pasa, aprendemos más y más sobre la necesidad de preservar, proteger y restaurar nuestro ambiente natural. Incluso si la Intervención no existiera esto sería todavía una prioridad. Y el mensaje de Los Aliados da un nuevo ímpetu y un nuevo entendimiento a la necesidad de establecer un uso sostenible de los recursos naturales de nuestro mundo. Toma consciencia de cómo vives y qué consumes, y encuentra lo que puedes hacer para cuidar el medio ambiente. Como Los Aliados enfatizan, nuestra autosuficiencia como raza será necesaria para salvaguardar nuestra libertad y nuestro progreso en una Comunidad Mayor de vida inteligente.

◆

Esparce el mensaje de los Discursos de los Aliados.

Es de vital importancia que compartas el mensaje de los Aliados con otros por varias razones:

— Ayudas a romper el silencio paralizante que envuelve la realidad y el espectro de la Intervención extraterrestre.

— Ayudas a romper el aislamiento que evita que la gente conecte entre sí sobre este gran desafío.

— Despiertas a aquellos que han caído bajo la influencia del Programa de Pacificación, dándoles una oportunidad de usar sus mentes para reevaluar el significado de este fenómeno.

— Fortaleces la determinación en ti y en los demás de no claudicar ni al miedo ni a la evitación de encontrarse con el gran desafío de nuestro tiempo.

— Das confirmación a las personas sobre sus visiones y su Conocimiento sobre la Intervención.

— Ayudas a establecer la resistencia que puede frustrar la Intervención, así como a promover la autoridad que puede darle a la humanidad la unidad y la fortaleza necesarias para establecer sus propias Reglas de Interacción.

◆

AQUÍ HAY ALGUNOS PASOS CONCRETOS QUE PUEDES DAR HOY:

— Comparte este libro y su mensaje con otros. El primer conjunto completo de Discursos está disponible ahora para leer y descargarlo gratuitamente en la página de los Aliados: www.alliesofhumanity.org/es.

— Lee la *Declaración de la Soberanía Humana* y comparte este valioso documento con otros. Puede leerse e imprimirse en www.humansovereignty.org/es.

— Anima a tus librerías y bibliotecas locales a pedir los volúmenes de *Los Aliados de la Humanidad* y los otros libros de Marshall Vian Summers. Esto aumenta la posibilidad de que otros lectores accedan a este material.

— Comparte el material y la perspectiva de los Aliados en foros y grupos de discusión de Internet cuando sea apropiado.

— Acude a conferencias y encuentros relacionados y comparte la perspectiva de los Aliados.

— Traduce los Discursos de los Aliados de la Humanidad. Si

eres políglota, por favor, considera la posibilidad de ayudar a traducir los Discursos para hacerlos disponibles a más lectores a lo largo y ancho del mundo.

— Contacta con la New Knowledge Library (Biblioteca del Nuevo Conocimiento) para recibir gratis un conjunto de material de apoyo a los Aliados que puede ayudarte a compartir este mensaje con otros.

◆

Esta no es, de ninguna manera, una lista completa. Solo es un mero comienzo. Examina tu propia vida y ve qué oportunidades pueden existir en ella, y mantente abierto a tu propio Conocimiento y tus visiones sobre este tema. Además de hacer las cosas mencionadas en la lista anterior, la gente ya ha encontrado maneras creativas de expresar el mensaje de los Aliados —a través del arte, de la música, de la poesía—. Encuentra tu manera.

MENSAJE DE
MARSHALL VIAN SUMMERS

Durante 25 años he estado inmerso en una experiencia religiosa. Esto ha resultado en la recepción de un vasto cuerpo de escrituras sobre la naturaleza de la espiritualidad humana y el destino humano en el panorama mayor de la vida inteligente en el Universo. Estas escrituras, incluidas en las enseñanzas del Camino del Conocimiento de la Comunidad Mayor, contienen un marco teológico que da cuenta de la vida y la presencia de Dios en la *Comunidad Mayor,* la vasta extensión de espacio y tiempo que conocemos como nuestro Universo.

La cosmología que he estado recibiendo contiene muchos mensajes, uno de los cuales es que la humanidad está emergiendo a una Comunidad Mayor de vida inteligente y nos tenemos que preparar para ello. Inherente al mensaje está la comprensión de que la humanidad no está sola en el Universo, ni siquiera en su propio planeta, y que dentro de esta Comunidad Mayor la humanidad tendrá amigos, competidores y adversarios.

Esta realidad mayor fue confirmada dramáticamente por la transmisión súbita e inesperada del primer conjunto de Discursos de *Los Aliados de la Humanidad* en 1997. Tres años antes, en 1994, había recibido el marco teológico para comprender los Discursos de los Aliados en mi libro *Greater Community Spirituality: A New Revelation (Espiritualidad de la Comunidad Mayor: Una Nueva*

Revelación). En este punto, como resultado de mi trabajo y mis escrituras espirituales, se me hizo patente que la humanidad tiene aliados en el Universo que están preocupados por el bienestar y la libertad futura de nuestra raza.

Dentro de la cosmología creciente que me ha sido revelada está el entendimiento de que, en la historia de la vida inteligente en el Universo, las razas éticamente avanzadas tienen la obligación de legar su sabiduría a las razas jóvenes y emergentes como la nuestra, y que este legado debe darse *sin* interferencia o intervención directa en sus asuntos. La intención aquí es informar, no interferir. Esta "transmisión de sabiduría" representa un marco ético muy antiguo sobre el Contacto con razas emergentes y sobre cómo debería llevarse a cabo. Los dos *(N. del T.: actualmente tres)* conjuntos de Discursos de *Los Aliados de la Humanidad* son una demostración clara de este modelo de no interferencia y Contacto ético. Este modelo debería ser una guía y un estándar de lo que debiéramos esperar de otras razas en sus intentos de contactar con nosotros o visitar nuestro mundo. Así, esta demostración de Contacto ético contrasta marcadamente con la Intervención que está ocurriendo hoy en el mundo.

Nos estamos desplazando hacia una posición de vulnerabilidad extrema. Con el espectro del agotamiento de recursos, la degradación medioambiental y el riesgo de una fractura mayor de la familia humana creciendo cada día, estamos maduros para la Intervención. Vivimos en aparente aislamiento en un mundo rico y valioso que está siendo buscado por otros de más allá de nuestras fronteras. Estamos distraídos y divididos y no vemos el gran peligro que está interviniendo en nuestras fronteras. Es un fenómeno que la historia ha repetido una y otra vez en lo que concierne al destino de las gentes nativas aisladas que estaban enfrentándose a la intervención por primera vez. No somos realistas en nuestras suposiciones sobre los poderes y la benignidad de la vida inteligente en el Universo. Y solo ahora estamos empezando a tomar consciencia de las condiciones que hemos creado para nosotros mismos en nuestro mundo.

La verdad impopular es que la familia humana no está preparada para una experiencia directa de Contacto, y ciertamente tampoco para una intervención. Primero debemos poner nuestra propia casa en orden. No tenemos aún la madurez como especie para involucrarnos con otras razas en la Comunidad Mayor desde una postura de unidad, fortaleza y discernimiento. Y hasta que podamos alcanzar tal posición, si es que alguna vez podemos, ninguna raza debería intentar intervenir directamente en nuestro mundo. Los Aliados están proporcionándonos una sabiduría y una perspectiva que son muy necesarias, pero ellos no están interviniendo. Ellos nos dicen que nuestro destino está, y debería estar, en nuestras propias manos. Tal es la carga de la libertad en el Universo.

Sin embargo, la Intervención está ocurriendo a pesar de nuestra falta de preparación. La humanidad debe ahora prepararse para esto, que es el umbral con más consecuencias en la historia de la humanidad. Más que ser únicamente testigos fortuitos de este fenómeno, estamos en el mismo centro de él. Está ocurriendo, seamos o no conscientes de ello. Tiene el poder de cambiar el devenir de la humanidad. Y tiene una total relación con quiénes somos y por qué estamos aquí en el mundo en este momento.

El Camino del Conocimiento de la Comunidad Mayor ha sido dado para proveer tanto las enseñanzas como la preparación que ahora necesitamos para afrontar este gran umbral, renovar el espíritu humano y establecer un nuevo curso para la familia humana. Este Camino habla a la necesidad urgente de unión y cooperación humanas, a la primacía del Conocimiento —nuestra inteligencia espiritual— y a las responsabilidades mayores que debemos asumir ahora en el umbral del espacio. Representa un Nuevo Mensaje del Creador de toda vida.

Mi misión es llevar esta cosmología y esta preparación mayores al mundo, y con ellas una nueva esperanza y promesa para una humanidad en apuros. Mi larga preparación y la inmensa enseñanza sobre El Camino del Conocimiento de la Comunidad Mayor están aquí con este fin. Los Discursos de *Los Aliados de la Humanidad* no son sino una pequeña parte de este gran mensaje. Ahora es tiempo de terminar nuestros conflictos incesantes y prepararnos para la vida en la Comunidad Mayor. Para hacerlo, necesitamos una comprensión nueva de nosotros mismos como una sola gente —la gente nativa de este mundo, nacida de una única espiritualidad— y de nuestra posición vulnerable como una raza joven y emergente en el Universo. Este es mi mensaje para la humanidad y es para esto que he venido.

MARSHALL VIAN SUMMERS
2008

Apéndices

◆

GLOSARIO

LOS ALIADOS DE LA HUMANIDAD: Un pequeño grupo de seres físicos de la Comunidad Mayor que estaban ocultos en las proximidades de nuestro mundo, en nuestro Sistema Solar. Su misión era observar, reportar y aconsejarnos sobre las actividades de los visitantes extraterrestres y la Intervención que actualmente está ocurriendo en el mundo. Ellos representan a los Sabios en muchos mundos.

LOS VISITANTES: Varias otras razas extraterrestres de la Comunidad Mayor que están "visitando" nuestro mundo sin nuestro permiso e interviniendo activamente en los asuntos humanos. Los visitantes están implicados en un largo proceso de integrarse a sí mismos en el tejido y el alma de la vida humana, con el propósito de ganar el control de los recursos del mundo y de su gente.

LA INTERVENCIÓN: La presencia, el propósito y las actividades en el mundo de los visitantes extraterrestres.

EL PROGRAMA DE PACIFICACIÓN: El programa de persuasión e influencia de los visitantes dirigido a desmantelar la consciencia y el discernimiento de la gente sobre la Intervención, para volver a la humanidad pasiva y complaciente.

LA COMUNIDAD MAYOR: El espacio. El vasto Universo físico y espiritual al que la humanidad está emergiendo, y que contiene vida inteligente en incontables manifestaciones.

LOS INVISIBLES: Los Ángeles del Creador, que supervisan el desarrollo espiritual de los seres sintientes por toda la Comunidad Mayor. Los Aliados se refieren a ellos como "Los Invisibles". En la Enseñanza sobre la Espiritualidad de la Comunidad Mayor se les llama también "Los Maestros de la Comunidad Mayor".

EL DESTINO HUMANO: La humanidad está destinada a emerger en la Comunidad Mayor. Esto representa nuestra evolución.

LOS COLECTIVOS: Organizaciones jerárquicas complejas compuestas de varias razas extraterrestres que están vinculadas entre sí por una lealtad común. Hay más de un Colectivo presente actualmente en el mundo, y a ellos pertenecen los visitantes extraterrestres. Estos Colectivos tienen planes que compiten entre sí.

EL AMBIENTE MENTAL: El ambiente de pensamiento en el que las mentes más concentradas ejercen influencia y persuasión mental sobre las mentes más débiles.

EL CONOCIMIENTO: La inteligencia espiritual que vive dentro de cada persona. La fuente de todo lo que sabemos. Entendimiento intrínseco. Sabiduría eterna. La parte permanente de nosotros que no puede ser influenciada, manipulada o corrupta. Un potencial en toda vida inteligente. El Conocimiento es Dios en ti, y Dios es todo el Conocimiento en el Universo.

LOS CAMINOS DE LA PERSPICACIA: Varias enseñanzas en El Camino del Conocimiento que son enseñadas en muchos mundos de la Comunidad Mayor.

EL CAMINO DEL CONOCIMIENTO DE LA COMUNIDAD MAYOR: Una enseñanza espiritual venida del Creador que es practicada en muchos lugares de la Comunidad Mayor. Ella enseña cómo experimentar y expresar el Conocimiento y cómo preservar la libertad individual en el Universo. Esta enseñanza se ha enviado aquí con el propósito de preparar a la humanidad para las realidades de la vida en la Comunidad Mayor.

COMENTARIOS SOBRE
LOS ALIADOS DE LA HUMANIDAD

Quedé muy impresionado con *Los Aliados de la Humanidad...* porque su mensaje se siente verdadero. Contactos de radar, efectos en el terreno, cintas de video y filmes prueban todos que los ovnis son reales. Ahora nosotros debemos considerar la verdadera pregunta: los planes de sus ocupantes. *Los Aliados de la Humanidad* confronta convincentemente este asunto, asunto que puede probar ser de vital importancia para el futuro de la humanidad".

> — JIM MARRS, autor de
> *Alien Agenda* y *Rule by Secrecy.*

A la luz de décadas pasadas estudiando tanto las canalizaciones como el tema de la ufología y los extraterrestres, tengo una respuesta muy positiva tanto hacia Summers como canal como hacia el mensaje de sus alegadas fuentes en este libro. Estoy profundamente impresionado con su integridad como ser humano, como espíritu y como verdadero canal. En su mensaje y su conducta, tanto Summers como sus fuentes demuestran convincentemente para mí una verdadera orientación al servicio a otros frente a tanta humana, y ahora aparentemente incluso extraterrestre, orientación al servicio a uno mismo. Mientras que es serio y alertador en su tono, el mensaje de este libro aviva mi espíritu con la promesa de las maravillas que aguardan a nuestra especie a medida que nos unimos a la Comunidad Mayor. Nosotros al mismo tiempo debemos encontrar y acceder a nuestra relación por derecho de nacimiento con nuestro Creador, para asegurar que no seamos excesivamente manipulados ni explotados en el proceso por algunos miembros de la Comunidad Mayor".

> — JON KLIMO, autor de
> *Channeling: Investigations on*
> *Receiving Information from*
> *Paranormal Sources.*

Estudiar el fenómeno de los ovnis y las abducciones alienígenas durante 30 años ha sido como juntar las piezas de un gigantesco rompecabezas. Vuestro libro, al fin, me dio un marco para encajar las piezas que faltaban".

> — ERIC SHWARTZ,
> California, Estados Unidos.

¿Hay un banquete libre en el cosmos? *Los Aliados de la Humanidad* nos recuerdan de la manera más convincente que no lo hay".

> — ELAINE DOUGLASS,
> directora Co-estado de MUFON,
> Utah, Estados Unidos.

Los Aliados tendrán un gran eco entre la población hispanohablante del mundo. ¡Puedo asegurarlo! ¡Tantísima gente, no solo en mi país, luchando por sus derechos de preservar sus culturas! Vuestros libros pueden solo confirmar lo que ellos han estado intentando decirnos de tantas maneras, durante tanto tiempo".

— INGRID CABRERA, México.

Este libro resonó profundamente dentro de mí. Para mí, *[Los Aliados de la Humanidad]* es poco menos que revolucionario. Honro las fuerzas, humanas u otras, que han hecho realidad este libro, y rezo para que su urgente mensaje sea tenido en cuenta".

— RAYMOND CHONG, Singapur.

Gran parte del material de los Aliados resuena con lo que yo he aprendido o siento instintivamente que es verdadero".

— TIMOTHY GOOD, investigador británico de ovnis y autor de *Beyond Top Secret* y *Unearthly Disclosure*.

ESTUDIO ADICIONAL

EL LIBRO *LOS ALIADOS DE LA HUMANIDAD* trata cuestiones fundamentales acerca de la realidad, la naturaleza y el propósito de la presencia extraterrestre que está actualmente en el mundo. Sin embargo, este libro hace surgir muchas más preguntas, que deben ser exploradas mediante estudio adicional. Como tal, sirve de catalizador para una mayor consciencia y como una llamada a la acción.

Para aprender más hay dos caminos que el lector puede seguir, tanto a la vez como de forma separada. El primer camino es el estudio del fenómeno ovni/extraterrestre en sí mismo, el cual ha sido ampliamente documentado a lo largo de las últimas cuatro décadas por investigadores representando muchos puntos de vista diferentes. Animamos a todos los lectores a informarse más sobre este fenómeno.

El segundo camino es para los lectores que desean explorar las implicaciones espirituales del fenómeno y lo que uno mismo puede hacer personalmente para prepararse. Para esto recomendamos los escritos de Marshall Vian Summers que están listados en las siguientes páginas.

Para estar informados de nuevos materiales relacionados con *Los Aliados de la Humanidad,* por favor visita la web de los Aliados en: www.alliesofhumanity.org. Para más información acerca de El Camino del Conocimiento de la Comunidad Mayor, por favor visita: www.newmessage.org.

THE GREAT WAVES OF CHANGE

GREATER COMMUNITY SPIRITUALITY

STEPS TO KNOWLEDGE

RELATIONSHIPS & HIGHER PURPOSE

LIVING THE WAY OF KNOWLEDGE

WISDOM FROM THE GREATER COMMUNITY
Volumes I & II

THE ALLIES OF HUMANITY Books I-III

LIFE IN THE UNIVERSE

*(**Nota del traductor:** muchos de los capítulos de estos libros están siendo tra-
ducidos y pueden ser consultados en línea en la sección en español de www.
newmessage.org).

EXTRACTOS DE LOS LIBROS DEL CAMINO DEL CONOCIMIENTO DE LA COMUNIDAD MAYOR

"Tú no eres meramente un ser humano en este mundo. Tú eres un ciudadano de la Comunidad Mayor de mundos. Este es el Universo físico que reconoces a través de tus sentidos. Es mucho mayor de lo que ahora puedes comprender... Eres un ciudadano de un mayor Universo físico. Esto reconoce no solo tu Linaje y tu Herencia sino también tu propósito en la vida en este momento, pues el mundo de la humanidad está creciendo hacia la vida de la Comunidad Mayor de mundos. Esto lo sabes, aunque tus creencias puedan desconocerlo todavía".

> — *PASOS AL CONOCIMIENTO,*
> Paso 187: "Soy un ciudadano de la
> Comunidad Mayor de Mundos".

"Tú has venido al mundo en un gran momento de cambio, un momento de cambio del que verás solo una parte en tu propia vida. Es un momento de cambio en el que tu mundo gana contacto con mundos de su vecindad. Esta es la evolución natural de la humanidad, y esta es la evolución natural de toda vida inteligente en todos los mundos".

> — *PASOS AL CONOCIMIENTO,* Paso
> 190: "El mundo está emergiendo a

una Comunidad Mayor de mundos
y es por eso que yo he venido".

"Vosotros tenéis grandes amigos más allá del mundo. Por eso la
humanidad está buscando entrar en la Comunidad Mayor, porque la
Comunidad Mayor representa una mayor variedad de sus verdaderas
relaciones. Tú tienes verdaderos amigos más allá del mundo, porque
no estás solo en el mundo y no estás solo en la Comunidad Mayor de
mundos. Tienes amigos más allá de este mundo, porque tu Familia
Espiritual tiene sus representantes en todas partes. Tienes amigos más
allá de este mundo, porque tú estás trabajando no solo en la evolución
de vuestro mundo sino también en la evolución del Universo. Más
allá de tu imaginación, más allá de tus capacidades conceptuales,
esto es sin ninguna duda verdadero".

> — *PASOS AL CONOCIMIENTO*, Paso
> 211: "Tengo grandes amigos más
> allá de este mundo".

"No reacciones con esperanza. No reacciones con miedo. Responde
con el Conocimiento".

> — *SABIDURÍA DE LA COMUNIDAD
> MAYOR, VOLUMEN II*, Capítulo
> 10: "Visitaciones de la Comunidad
> Mayor".

"¿Por qué está ocurriendo esto?" La ciencia no puede responderlo.
La razón no puede responderlo. El pensamiento basado en deseos
no puede responderlo. Una autoprotección temerosa no puede
responderlo. ¿Qué puede responderlo? Tú debes hacer esta pregunta
con una clase diferente de mente, ver con ojos diferentes y tener aquí
una experiencia diferente".

*— SABIDURÍA DE LA COMUNIDAD
MAYOR, VOLUMEN II,* Capítulo
10: "Visitaciones de la Comunidad
Mayor".

"Debes pensar ahora acerca de Dios en la Comunidad Mayor —no un Dios humano, no un Dios de vuestra historia escrita, no un Dios de vuestros padecimientos y tribulaciones, sino un Dios para todos los tiempos, para todas las razas, para todas las dimensiones, para aquellos que son primitivos y para aquellos que son avanzados, para aquellos que piensan como vosotros y para aquellos que piensan de manera muy diferente, para aquellos que creen y para aquellos para los que la creencia es inexplicable—. Esto es Dios en la Comunidad Mayor. Y es desde aquí que debes partir".

*— ESPIRITUALIDAD DE LA
COMUNIDAD MAYOR,* Capítulo
1: "¿Qué es Dios?"

"Tú eres necesitado en el mundo. Es el momento de prepararse. Es el momento de focalizarse y tener determinación. No hay escape de esto, pues solo aquellos que estén desarrollados en El Camino del Conocimiento tendrán capacidad en el futuro y serán capaces de mantener su libertad en el Ambiente Mental, que estará cada vez más influenciado por la Comunidad Mayor".

*— VIVIENDO EL CAMINO DEL
CONOCIMIENTO,* Capítulo 6: "El
Pilar del Desarrollo Espiritual".

"Aquí no hay héroes. No hay nadie a quien adorar. Hay una fundación que construir. Hay trabajo que hacer. Hay una preparación que recibir. Y hay un mundo que servir".

> *— VIVIENDO EL CAMINO DEL CONOCIMIENTO*, Capítulo 6: "El Pilar del Desarrollo Espiritual".

"El Camino del Conocimiento de la Comunidad Mayor está siendo presentado al mundo, donde es desconocido. Aquí no tiene historia ni antecedentes. La gente no está acostumbrada a él. No encaja necesariamente con sus ideas, sus creencias o sus expectativas. No se ajusta al entendimiento religioso actual. Viene en una forma desnuda —sin ritual ni boato, sin riqueza ni exceso—. Viene en una forma pura y simple. Es como un niño en el mundo. Es aparentemente vulnerable, y aun así representa una Mayor Realidad y una mayor promesa para la humanidad".

> *— Escritos Sagrados: Sin publicar.*

"Hay aquellos en la Comunidad Mayor que son más poderosos que vosotros. Ellos pueden engañaros, pero solo si no estáis mirando. Ellos pueden afectar a vuestra mente, pero no pueden controlarla si estáis con el Conocimiento".

> *— VIVIENDO EL CAMINO DEL CONOCIMIENTO*, Capítulo 10: "Estar Presente en el Mundo".

"La humanidad vive en una casa muy grande. Parte de esa casa está en llamas. Y otros están visitándola para determinar cómo el fuego puede ser apagado en su propio beneficio".

— *VIVIENDO EL CAMINO DEL CONOCIMIENTO*, Capítulo 11: "Preparándose para el futuro".

"Sal fuera en una noche clara y mira hacia arriba. Vuestro destino está allí. Vuestras dificultades están allí. Vuestras oportunidades están allí. Vuestra redención está allí".

— *ESPIRITUALIDAD DE LA COMUNIDAD MAYOR*, Capítulo 15: "¿Quién sirve a la Humanidad?"

"No deberíais nunca asumir que hay una lógica mayor en una raza avanzada, a menos que sea fuerte en el Conocimiento. De hecho, puede estar tan fortificada frente al Conocimiento como lo estáis vosotros. Viejos hábitos, rituales, estructuras y autoridades deben todos ser desafiados por la evidencia del Conocimiento. Es por eso que incluso en la Comunidad Mayor, el hombre y la mujer del Conocimiento son una fuerza poderosa".

— *PASOS AL CONOCIMIENTO:* Niveles Superiores.

"Tu falta de temor en el futuro no debe nacer de la pretensión, sino de tu certeza en el Conocimiento. De esta manera serás un refugio de paz y una fuente de riqueza para los demás. Esto es lo que has de ser. Has venido al mundo para esto".

— *PASOS AL CONOCIMIENTO*, Paso 162: "Hoy no estaré asustado".

"No es un tiempo fácil para estar en el mundo, pero si la contribución es tu propósito y tu intención, entonces es el momento correcto para estar en el mundo".

— *ESPIRITUALIDAD DE LA COMUNIDAD MAYOR*, Capítulo 11: "¿Para qué es tu preparación?"

"Para que puedas realizar tu misión debes tener grandes aliados, porque Dios sabe que no puedes hacerlo solo".

— *ESPIRITUALIDAD DE LA COMUNIDAD MAYOR*, Capítulo 12: "¿A quiénes conocerás?"

"El Creador no dejaría a la humanidad sin una preparación para la Comunidad Mayor. Y por eso, está presentándose El Camino del Conocimiento de la Comunidad Mayor. Este nace de la Gran Voluntad del Universo. Es comunicado mediante los Ángeles del Universo, que sirven a la emergencia del Conocimiento en todas partes y cultivan relaciones que pueden encarnar el Conocimiento en todas partes. Este trabajo es el trabajo de lo Divino en el mundo, no para traerte a lo Divino, sino para traerte al mundo, pues el mundo te necesita. Esta es la razón por la que fuiste enviado aquí. Esta es la razón por la que has elegido venir. Y tú has elegido venir a servir y a sostener la emergencia del mundo a la Comunidad Mayor, pues esa es la gran necesidad de la humanidad en este momento, y esa gran necesidad hará sombra a todas las otras necesidades de la humanidad en los tiempos por venir".

— ESPIRITUALIDAD DE LA
COMUNIDAD MAYOR:
Introducción.

SOBRE EL AUTOR

Aunque él es hoy poco conocido en el mundo, puede que Marshall Vian Summers sea reconocido en última instancia como el más importante maestro espiritual emergiendo durante nuestra vida. Por más de veinte años, él ha estado escribiendo y enseñando discretamente una espiritualidad que reconoce la innegable realidad de que la humanidad vive en un vasto y poblado universo, y ahora necesita urgentemente prepararse para el desafío de emerger a una Comunidad Mayor de vida inteligente.

Marshall Vian Summers enseña la disciplina del *Conocimiento*, o Saber Interno. "Nuestra más profunda intuición", dice, "no es sino una expresión externa del gran poder del Conocimiento". Sus libros *Steps to Knowledge: The Book of Inner Knowing (Pasos al Conocimiento: El Libro del Saber Interno)*, ganador en el año 2000 del premio al Libro del Año sobre Espiritualidad en los Estados Unidos, y *Greater Community Spirituality: A New Revelation (Espiritualidad de la Comunidad Mayor: Una Nueva Revelación)*, conforman juntos una fundación que podría considerarse como la primera "Teología del Contacto". El cuerpo completo de su trabajo, unos veinte volúmenes, de los que solo una parte han sido ya publicados por la New Knowledge Library (Biblioteca del Nuevo Conocimiento), puede bien representar una de las enseñanzas espirituales más originales y avanzadas que hayan aparecido en la historia moderna. Marshall es también el Fundador de La Sociedad para El Camino del Conocimiento de la Comunidad Mayor, una organización religiosa no lucrativa.

Con *Los Aliados de la Humanidad,* Marshall tal vez se convierte en el primer gran maestro espiritual que hace sonar una clara advertencia sobre la verdadera naturaleza de la Intervención extraterrestre que está ocurriendo hoy en el mundo, llamando a la responsabilidad personal, a la preparación y a la consciencia colectiva. Él ha dedicado su vida a recibir El Camino del Conocimiento de la Comunidad Mayor, un regalo del Creador a la humanidad. Él está comprometido en traer este Nuevo Mensaje de Dios al mundo. Para leer sobre el Nuevo Mensaje en la red, por favor visita www.newmessage.org.

SOBRE LA SOCIEDAD

La Sociedad para El Camino del Conocimiento de la Comunidad Mayor tiene una gran misión en el mundo. Los Aliados de la Humanidad han presentado el problema de la Intervención y todo lo que ello presagia. En respuesta a este grave desafío, se ha dado una solución en la enseñanza espiritual llamada El Camino del Conocimiento de la Comunidad Mayor. Esta enseñanza da una perspectiva y una preparación sobre la Comunidad Mayor que serán necesarias para mantener nuestro derecho de autodeterminación y ocupar satisfactoriamente nuestro lugar como mundo emergente dentro de un Universo mayor de vida inteligente.

La misión de La Sociedad es presentar este Nuevo Mensaje para la humanidad a través de sus publicaciones, sitios web, programas educativos, servicios contemplativos y retiros. El objetivo de la Sociedad es desarrollar hombres y mujeres del Conocimiento que serán los primeros en introducir una preparación para la Comunidad Mayor en el mundo actual y empezar a contrarrestar el impacto de la Intervención. Estos hombres y mujeres serán los responsables de mantener el Conocimiento y la sabiduría vivos en el mundo, a medida que la lucha por la libertad de la humanidad se intensifique.

La sociedad se fundó en 1992 como una organización religiosa sin ánimo de lucro por Marshall Vian Summers. A lo largo de los años, un grupo de estudiantes dedicados se ha reunido para asistirlo directamente. La sociedad ha sido apoyada y mantenida por su núcleo de estudiantes dedicados, que están comprometidos con traer una consciencia y una preparación espiritual nuevas al mundo. La misión de la Sociedad requiere el apoyo y la participación de mucha más gente. Dada la gravedad de la condición del mundo, hay una necesidad urgente de Conocimiento y preparación. Por tanto, La Sociedad está llamando a hombres y mujeres de todas partes para ayudarnos a entregar al mundo el regalo de este Nuevo Mensaje en este momento crítico y decisivo de nuestra historia.

Como organización religiosa sin ánimo de lucro, La Sociedad ha sido sostenida completamente gracias a la actividad voluntaria, los diezmos y las contribuciones. Sin embargo, la necesidad creciente de llegar y preparar a gente de todo el mundo está sobrepasando la capacidad de La Sociedad para lograr su misión.

Puedes formar parte de esta gran misión mediante tu contribución. Comparte el mensaje de Los Aliados con otros. Ayuda a incrementar la consciencia de que somos una gente y un mundo emergiendo a un escenario mayor de vida inteligente. Hazte estudiante del Camino del Conocimiento. Y si estás en posición de ser un benefactor para esta gran tarea o conoces a alguien que lo esté, por favor, contacta con la Sociedad. Tu contribución es necesaria ahora para hacer posible la diseminación del mensaje crítico de los Aliados por todo el mundo y ayudar a poner las circunstancias a favor de la humanidad.

◆

"Estáis en la antesala de recibir

algo de la mayor magnitud,

algo que el mundo necesita,

algo que está siendo transferido

al mundo y traducido

en el mundo.

Tú estás entre los primeros

que lo recibirán.

Recíbelo bien".

GREATER COMMUNITY SPIRITUALITY
(ESPIRITUALIDAD DE LA COMUNIDAD MAYOR)

THE SOCIETY FOR THE GREATER COMMUNITY
WAY OF KNOWLEDGE
P.O. Box 1724, Boulder, CO, USA 80306-1724
(303) 938-8401, fax (303) 938-1214
society@greatercommunity.org
www.newmessage.org
www.alliesofhumanity.org

Lightning Source UK Ltd.
Milton Keynes UK
UKHW040801240420
362180UK00001B/249